公共基础课创新融合精品教材
“互联网+”教育改革新理念教材

商务礼仪

何顺林　孟　亮　方一帆　主　编
李倩菁　姚沙沙　副主编

中国商业出版社

图书在版编目（CIP）数据

商务礼仪 / 何顺林，孟亮，方一帆主编. -- 北京 : 中国商业出版社，2024. 10. -- ISBN 978-7-5208-3170-3

Ⅰ. F718

中国国家版本馆 CIP 数据核字第 2024LK8216 号

责任编辑：管明林

中国商业出版社出版发行

（www.zgsycb.com　100053　北京广安门内报国寺1号）

总编室：010-63180647　　编辑室：010-83114579

发行部：010-83120835/8286

新华书店经销

唐山唐文印刷有限公司印刷

*

880毫米×1230毫米　16开　11印张　280千字

2024年10月第1版　2024年10月第1次印刷

定价：46.80元

* * * *

（如有印装质量问题可更换）

前　言

随着现代社会人与人之间交往的增多，个人的礼仪修养越显重要。如何得体地与人交往，并通过个人交往为商务组织创造发展的契机，已成为商务人员越来越关注的问题。商务礼仪作为企业文化、企业理念不可缺少的组成部分，告诉了我们在商务活动中如何通过具体的甚至是微小的细节，为自己进而为公司创造良好的人际环境和发展的空间，实现并创造价值。

本书旨在为人们提供系统、实用的商务礼仪规范及操作技巧，指导并帮助人们在商务活动中提高礼仪水准，减少失误和误会，以赢得更多的商机。

本书是有以下特点：

一是实用性。书中基础理论和基本原理简明扼要，通俗易懂，突出重点，引用了较多来自现实并经过归纳、提炼和总结的典型案例，理论联系实际，具有较强的实用性和可操作性。

二是新颖性。本书尽量吸收社交礼仪方面的最新研究成果，做到与时俱进。

三是完整性。本书内容既简明扼要，又注重完整性。

为了方便教学活动的开展，编者在编写本书过程中，参考了近年来一些专家、学者的著作，在此对各位专家和作者表示衷心的感谢。

由于编者水平和精力有限，收集资料不够全面，本书难免存在不足之处，恳请读者和各位同人在使用过程中给予理解和关注，并欢迎批评指正。

编　者

2024 年 6 月

目录

第一章

商务礼仪概述 …… 1

第一节　商务礼仪的含义 …… 2

第二节　商务礼仪的基本原则 …… 4

第三节　商务礼仪修养 …… 7

第二章

个人礼仪 …… 13

第一节　优雅的举止 …… 14

第二节　得体的服饰 …… 18

第三节　整洁的仪容 …… 21

第四节　礼貌的谈吐 …… 25

第三章

商务人员基本礼仪 …… 37

第一节　见面礼节 …… 38

第二节　方位礼仪 …… 45

第三节　馈赠礼仪 …… 50

第四章

商务活动礼仪 …… 57

第一节 商务洽谈 …… 58

第二节 商务接待与拜访 …… 62

第三节 商业仪式与活动 …… 71

第四节 商务通信 …… 87

第五节 商务宴请 …… 93

第五章

商务形象礼仪 …… 103

第一节 职业形象的塑造 …… 104

第二节 职业形象举要 …… 108

第六章

商务文书礼仪 …… 115

第一节 商务信笺礼仪 …… 116

第二节 商务柬帖礼仪 …… 119

第三节 商务启事礼仪 …… 123

第四节 备忘录礼节 …… 125

第七章

商务餐饮、聚会礼仪 …… 129

第一节 中餐礼仪 …… 130

第二节 西餐礼仪 …… 134

第三节 舞会礼仪 …… 142

第四节 茶会礼仪 …… 146

第五节 集会礼仪 …… 148

第八章

商务涉外礼仪 …… 155

第一节 涉外接待 …… 156

第二节 涉外谈判 …… 160

第三节 海外习俗 …… 163

参考文献 …… 170

第一章 商务礼仪概述

案例导入

他错在哪儿？

小刘研究生毕业后走上了工作岗位。他先后换过四个单位，每次都在事业上难有作为。尤其让他感到困惑的是：为何每到一个单位，上司和同事总是和他过不去，甚至对他怀着敌意呢？

其实，这一切既不能怪他的上司，也不能怪他的同事，只能怪小刘自己。小刘刚到第一个单位工作时，公司的总经理非常赏识他的才华，不久就把他调到身边当助手。可是，随着他与总经理接触次数的增多，他在总经理面前开始张狂和随意。比如，他曾当着众人不顾及总经理的脸面，毫无遮拦地发表自己的见解，还与总经理争辩，让总经理下不了台。后来，小刘即使提出绝佳的计划也常常遭到总经理的否决。

小刘长得高大健壮，爱好球类运动，在学校时是篮球队的主力队员。他到第二家单位时正值单位所在系统举办篮球赛，他担任了单位的篮球队队长，由他全权负责组织篮球队的训练。可是在短短的一个月时间里，小刘却几乎把队友都得罪了。他在训练中总爱辱骂别人："水平臭！""吃干饭的！""给我滚一边去！"若比赛败北，他更是骂骂咧咧，指责队友拖了他的后腿。

小刘在第三个单位的时候曾负责一个工程项目。在设计图纸时，一位和他一直配合很默契的同事向他提出修改建议。小刘非但不听，反而冲同事嚷嚷："你懂什么？我开始搞图纸设计的时候，你还在穿开裆裤和稀泥哩！"尽管那位同事反复向他解释并非有意冒犯他，可小刘依然怒吼不止。事后，他虽然有些后悔，但又怕丢面子，一直没有勇气向对方道歉。

在第四个单位的时候，有一天他到仓库去领料，保管员的态度有些不好，发料时又将数字搞错了。于是，小刘得理不饶人地和保管员吵了起来。同事们连忙赶来劝解，其中一个同事拉了拉他，朝保管员努努嘴，暗示他保管员的袖子上别了一道黑纱，其心情不好是有特别原因的，请他多体谅。可是小刘仍不肯罢休，直到领导表示扣保管员当月的奖金才了事。

评　析

在上述案例中，小刘犯了以下错误：

（1）不尊重自己的上司，目中无人，缺乏对上司最起码的尊重，当众让上司难堪。

（2）不尊重同事，不接受同事的意见和建议。同事之间有意见分歧是正常的，但要把人与事分开，不能因意见不同而迁怒于人。

（3）道歉不是件丢人的事，这恰是成熟和诚实的表现。说错话，办错事，需要向别人道歉，这是人际交往的基本常识。要想化敌为友，就必须勇于承认“我错了”。在工作场合不能与人为善，口出秽语，得理不饶人，这是严重伤害他人的不良行为。

（4）得理不饶人，不体谅他人。

第一节　商务礼仪的含义

商务礼仪是礼仪的重要组成部分，要想了解什么是商务礼仪，就应首先从认识礼仪开始。

一　礼仪的含义与由来

礼仪是人类文明和社会进步的重要标志。它既是交往活动的重要内容，也是道德文化的外在表现形式，有着丰富的内涵。那么，什么是礼仪？它的核心是什么？遵行礼仪应把握哪些原则？这是首先需要弄清的问题。

何谓礼仪？“礼之名，起于事神。”早在商代甲骨文中即已经有了“礼”字。人们既将“行礼之器”称为“礼”，又将祭祀活动即“奉神人之事”称为“礼”。中国古代最重要的工具书之一、东汉许慎所著的《说文解字》也说：“礼，履也，所以事神致福也。”也就是说，“礼”的本义是指敬神，表示敬意的活动。由于“礼”的活动都有一定的规矩、仪式，于是又有了礼节、仪式的概念。古人有言：“中国有礼仪之大，故称夏，有服章之美，故称华。”古代华夏族正是以丰富的礼仪文化而受到周边其他民族赞誉的。

史籍记载，在夏、商时期，作为言行规范的“礼”就已经存在。孔子就曾说：“殷因于夏礼，所损益，可知也；周因于殷礼，所损益，可知也。”我国的古籍中有许多是论述礼仪的，《周礼》《仪礼》《礼记》是其中有名的“三礼”。我国古代的“礼”，既包括制度层面上的“礼”，也包括抽象层面上的“礼”。《荀子·修身篇》称：“人无礼则不生，事无礼则不成，国家无礼则不宁。”可见，“礼”不仅是古人道德思想的精髓，而且是治国安邦的战略。大体上，“礼”有三方面的内容：一是指治理国家的典章制度；二是指古代社会生活所形成的作为行为规范和交往仪式的礼制及待人接物之道；三是指对社会成员具有约束力的道德规范（包括自身修养）。

我们今天所说的“礼”主要指的是第二个层面，即礼仪。凡是把人内心待人接物的尊敬之情，通过美好的仪表、仪式表达出来，就是礼仪。可见，礼仪就是指人们在社会交往中为了互相尊重而约定俗成、共同认可的行为规范和程序，是礼节和仪式的总称。“礼”是指由一定的道德观念和风俗习惯形成的礼节及表示尊敬的态度或动作；“仪”，是指人的外表、动作及按程序进行的礼节。简言之，“礼”，即礼貌、礼节；“仪”，即仪表、仪态、仪式。遵行礼仪就必须在思想上对交往的对方有尊敬之意，谈吐举止上懂得礼仪规矩，外表上注重仪容、仪态、风度和服饰；在一些正式的礼仪场合，还须遵循一定的典礼程序等。正如孔子所云：“博学于文，约之以礼。”

可见，礼仪是为维系和发展人际关系而产生的，是人类文明和社会进步的重要标志。我国素有礼仪之邦的美誉，礼仪文化源远流长，有着完备的礼仪体系。如今，随着社会的进步，市场经济的发展，人们对内对外交往的日益频繁，礼仪成为人们社会生活中不可缺少的内容。礼仪修养，不仅是现代文明人必备的基本素质，而且是社会交往、商务活动和其他各项事业成功的一个重要条件。商务礼仪是我国灿烂文化的组成部分之一。一个商务工作者，要在变化莫测的市场里应付自如，在竞争激烈的经济领域取得成功，就必须深入全面地了解、熟悉和正确使用商务礼仪，以更好地树立和巩固个人与组织的良好形象。

小贴士

中国——礼仪之邦

明代初期菲律宾地区有一位国王前来朝拜，因病逝世于中国，他临终前要求死后葬于中国，因为中国是“礼仪之邦”。13 世纪，意大利旅行家马可·波罗曾盛赞中国是“东方的天堂”。在他的游记发表后，人们开始了解东方，了解中国。在当时欧洲人眼中，中国是一个物产丰富、文明昌盛、可望而不可即的仙境，是他们心目中的天堂。

的确，当世界上许多民族还没有形成的时候，我们的祖先就创造了无以匹敌的文明。中国的文明曾在几千年间影响着东方世界，中国被外国人称为君子之国。至今，大凡到过日本或跟日本人有过接触的人，都感受过日本人的频频鞠躬，听过日本人的“欢迎光临”“请多关照”等礼貌用语。日本人称这种礼节为“唐风”，这种礼节是沿袭1000 多年前唐朝的礼制而来的。

二 商务礼仪的含义

商务礼仪是一个含义丰富的概念，它包括了在工作场合所需要的各种人际交流的技巧，涵盖了

交际活动的方方面面。

商务礼仪，就是公司或企业的商务人员在商务活动中，为了塑造个人和组织的良好形象，对交往对象表示尊敬与友好的规范或程序，是一般礼仪在商务活动中的运用和体现。它包括商务礼节和仪式两方面的内容。

商务礼节就是人们在商务交往活动中为表示尊重对方而采取的人们共同约定并形成习惯的规范形式。

仪式即按程序进行的礼节形式。

一般来讲，在商务活动中，言行合情合理、大方得体，按约定俗成的规矩办事、讲究礼貌，按礼节程序接待客户等，都属于商务礼仪的范畴。

商务礼节同商务礼仪既相互联系又相互区别。商务礼节产生于商务礼仪之前。在商业活动的初始阶段，人们之间的礼节单调而又简单。随着业务活动的复杂化和现代化，商务礼节越来越多，也越来越复杂，在人们中间逐渐形成了一种“约定俗成的规矩”，于是就产生了一定的礼节程序，商务礼仪也就从商务礼节中自然而然地游离了出来。商务礼节是商务礼仪的基础，没有商务礼节，商务礼仪是不存在的。但就目前来讲，我国的商务礼节、商务礼仪是没有多少差别的。

今天，越来越多的商界人士已经认识到，商务礼仪的作用不可小觑。商务礼仪作为企业文化、企业理念不可或缺的组成部分，其作用无可替代。在商务活动中，任何一个微小的礼仪细节的疏忽，都可能给自身及公司的形象带来损害，甚至会因此失去一个重要客户。

商务礼仪并不是呆板的教条和冷漠的规定。一个公司需要良好的沟通，公司内部的员工之间也需要良好的人际交流。当出现沟通不畅的问题时，人们总是会去抱怨公司，但事实上每一个人都是公司里的一分子，因此，都应该为改善公司内部的沟通状况承担起自己的责任。若每一位员工都具备了良好的沟通技巧，那么在这个公司内部自然可以有效地进行交流了。

想想那些让你暗暗敬佩的人吧，他们往往在工作中出类拔萃，同时又彬彬有礼，既能灵活处理各种情况，又能礼貌地表达出自己的想法。

第二节 商务礼仪的基本原则

一、商务礼仪基本准则

商务人员为了更好地开展商务活动，除了要提高自身的商务礼仪修养之外，还应遵守基本的商务礼仪准则。

（一）认清主客立场

根据待客之道，主方立场为保护者，而客方扮演的则是被保护者。例如，在接待工作中，我们往往走在来宾的左方。这主要是由于古代枪手习惯瞄准左方，因此，出于安全考虑，强调“以右为尊”。

上下楼梯要特别注意：上楼梯时应让上司、来宾走在前方，以防止对方不慎跌落；下楼梯时则让上司、来宾走在后方，以便随时给予保护。

在引导上司、来宾时，应走在其左侧前面一点，在拐弯处、楼梯间及进出电梯时都应放慢脚步，等待客人。进电梯时先于上司、来宾进入，出电梯时则相反，自己后出，以免电梯不慎夹到来宾。这些细节可表现出我们对客人的体贴。

以上所述看似小事，实则体现出商务人员的个人修养。

（二）多用商量语气

商务活动中的谈话是一门艺术，关键是表现出谈话者之间彼此尊重。当我们有求于人时，不论是对上司或部下都应采用询问商量的口气，多用“可不可以”或“好不好”，让对方有考虑的时间与空间。避免出现下列景象：

办公室中，某员工要请假，却摆出一副理直气壮的样子对上司说：“老板，我明天有事，要请假。”

某公司老板时常向员工说：“这件事下班前一定要完成。”

这样的口气不仅让对方很难表达意见，同时还会造成或加深双方的隔阂。正确的说法应该是：

“老板，我明天有要事需处理，不知能否向您请个假?”

“这件事情很紧急，下班前能不能完成它?”

温和的语气会使人感到受到了尊重，也容易获得正面的答复，更能使谈话气氛和谐愉快，有助于事情顺利进行。

（三）避免惊吓他人

开会进行至中途，如物品不慎掉落需要捡拾，应先和身边的人说一声，例如：“对不起，我捡支笔。”然后再低下身去拾取。切不可直接弯身取物，以免吓到身边的人。

走路或与人交谈时，不要把手放在衣服口袋里。另外，将双手交叉盘于胸前，也是很不礼貌的行为。在欧洲人看来，隐藏双手不让人看见是带有敌意的表示，所以一定要将双手露出来，如天气很冷可戴上手套。

用餐时不可用刀、叉、筷子等尖锐的东西指向他人，这样会使人产生恐惧感。柜台服务人员与客人谈话时，也不要以笔尖朝向客人。

（四）尊重他人隐私

每个人都拥有自己的空间和不为人知的秘密，所以，在公共场合不要随意谈论他人隐私。

谈论过于私人的问题还容易造成尴尬的场面。婚姻状况、年龄、体重、三围、薪水、穿着品牌等话题应尽量避免公开谈论。

与人交谈时，如果对方不愿意主动提及某事，必有其原因或有难言之隐，此刻最不应该有的态度就是“打破砂锅问到底”。如果你知晓别人的困难，却没有能力替人分忧解难，记住千万不要背后幸灾乐祸，因为这样做很不道德。

（五）遵时守约，珍爱生命

时间就是金钱，时间就是生命，商场上最看重的莫过于守信了，而守时即守信的表现。珍惜时间就是珍惜他人和自己的生命，所以与人相约一定要守时。

守约还表现为讲次序，注重排队礼貌。尤其是金融业，绝不能因大客户上门而不讲次序，让等候已久的其他小客户忍受别人插队的不公平待遇。

另外，在公共场所或聚餐时，如喝酒也该讲究礼貌，千万不要不分场合地劝酒。酒喝多了会伤身，酒后开车则更加危险，既损人又不利己，还违法。所以，在商务活动中注重对方的生命权也是值得重视的问题。

小贴士

世界各地有关准时的指南

关于"准时"，不同国家、地区有不同的态度。无论你准备去哪里，你都应该事先了解一下当地人的时间观念。

（1）对"准时"极为看重的国家：所有的北欧国家、德国、瑞士、比利时等。

（2）对"准时"采取赞赏和期待态度的国家：加拿大、澳大利亚、英国、法国和美国。

（3）对"准时"持宽松态度的国家：欧洲南部诸国（如西班牙、意大利、希腊等），还有绝大多数地中海国家。

（4）不在乎"准时"与否的国家：绝大多数拉丁美洲国家和许多亚洲国家——在那里你甚至可以把手表抛在一边！

二 商务礼仪中的 3T

礼仪必须发自内心，绝不可做表面文章、应付差事。商务礼仪 3T 是商务人员的基本礼仪指南。

（一）Tact（机智）

Tact 在商务活动中能起到三种作用：

一是"愉快"，即使人感到愉快。在待人接物时尽量欣赏、赞美别人的优点，使之处于愉快的环境中，生意自然会好做得多。

二是"灵敏"。在商务活动中会接触形形色色的人，谈话、接待、服务时，如不够机敏、不懂察言观色，往往会得罪他人。

三是"迅速"。经济社会追求效率，所以迅速也是礼貌的重要表现。现代商场上制胜原则有二：一是说话抓重点；二是行动快而敏捷。做不到迅速，不仅会在商场上错失赚钱的良机，还可能失去人生成功的良机。

（二）Timing（时间的选择）

Timing 包括三种要素：时间、场合和角色。也就是说，在工作场合中应根据地点、身份的需要恰当发言，并做到多思慎言。不到上司要我们发表意见时就不要抢着表现，也不宜抢在上司之前和贵宾交换名片，这些细节稍不注意都可能出现失礼行为。

（三）Tolerance（宽恕）

Tolerance 指宽恕、包容别人，这是礼仪守则中最难做到的一点。在商务活动中要做到“将心比心”，多想别人的优点。商场上常说：“提出问题的客人，才是好客人。”客人越挑剔，我们就应越耐心。我们的宽容与容忍会增强对方对我们的信任，更能提高商务活动的品质。

第三节 商务礼仪修养

商务人员只有具备较高的商务礼仪修养，在工作中才能变礼貌为服务，让礼貌带来效益。日本就是把现代市场营销和管理与东方传统文化精髓巧妙结合的典范，这也是第二次世界大战后日本经济奇迹般起飞的一个重要原因。例如，日本银行的职业守则规定：接待顾客的动作要准确、迅速；讲话要多用敬语；递茶要用双手捧上；接名片要用双手接过，接过后要认真看；入席时要请客人坐上座；请客人进屋时要注意开门方向，以免弹簧门反弹撞着客人等。传统的礼仪文化不但没有随着市场经济和现代化而被抛弃，反而更加规范化、职业化。

一 商务人员必备的礼仪修养

除了掌握并遵行本章第二节所述商务礼仪的基本原则，英国学者大卫·罗宾逊（David Robinson）还概括出了从事商务活动的黄金规则。这些准则也可以看作商务人员必备的礼仪修养，具体可用“IMPACT”来概括，即正直（Integrity）、礼貌（Manner）、个性（Personality）、仪表（Appearance）、善解人意（Consideration）和机智（Tact）。

（一）正直

正直指通过言行表现出的诚实、可靠、值得信赖的品质。当个人或公司被迫或被诱惑，欲做不够诚实之事时，其正直就值得怀疑了。良好的商务举止的一条黄金规则就是：你的正直应是毋庸置疑的——不正直是多少谎言也掩饰不了的。

（二）礼貌

礼貌是人的举止模式对他人尊重与友好的体现。在与他人进行商务交往时，你的风度可以向对方表明自己是否可靠，行事是否正确、公正。粗鲁、自私、散漫的作风是不可能让双方的交往继续发展的。

（三）个性

个性是指在商务活动中表现出来的独到之处。例如，你可以对商务活动充满激情，但不能感情

用事；你可以不谦虚，但不能不忠诚；你可以逗人发笑，但不能轻率轻浮；你可以才华横溢，但不能惹人厌烦。

（四）仪表

人们常常下意识地对交往者以貌取人。由此可见，衣着整洁得体，举止落落大方，是留给商务伙伴良好印象的至关重要的因素。

（五）善解人意

这是良好的商务举止中的又一黄金规则。人们如果事先已预料过交谈、写信或电话联系的对方可能有的反应，就能更谨慎、更敏锐地与对方打交道。

（六）机智

面对某些挑衅，虽然要立即做出反应，但不可凭一时冲动行动，而应利用某些显而易见的优势来妥善处理。不过本条黄金规则更深刻的内涵是：有疑虑时，保持沉默。

二 商务礼仪的功能

商务礼仪能展示企业的文明程度、管理风格和道德水准，也可塑造良好的企业形象。良好的企业形象是企业的无形资产，可以为企业带来直接的经济效益。一个人讲究礼仪，就会在众人面前树立良好的个人形象；一个组织的成员讲究礼仪，就会为自己的组织树立良好的形象，赢得公众的赞誉。现代市场竞争除了产品竞争外，还有形象竞争。一个具有良好信誉和形象的商务组织，必定能获得社会各方的信任和支持，取得事业的发展，在激烈的市场竞争中处于不败之地。所以，商务人员时刻注重礼仪，既是个人和组织良好素质的体现，也是树立和巩固良好形象以保持竞争力的需要。

从某种意义上说，商务礼仪已经成为建立企业文化和现代企业制度的一个重要方面，它主要具有以下功能。

（一）规范行为，塑造形象

礼仪最基本的功能就是规范各种行为。商务礼仪可强化企业的道德要求，树立企业遵纪守法、遵守社会公德的良好形象。我们知道，道德是精神的东西，只能通过人的言行举止以及人们处理各种关系所遵循的原则与态度表现出来。商务礼仪使企业的规章制度、规范和道德标准具体化为一些固定的行为模式。企业的各项规章制度既体现了企业的道德标准和管理风格，也体现了礼仪的要求。员工在企业制度范围内调整自己的行为，实际上就是在商务活动中自觉塑造和维护企业的良好形象。

（二）传递信息，展示价值

良好的礼仪可以让你更好地向对方展示自己的长处和优势，甚至是你获得机会的决定性因素。比如，在公司，你的服饰可能会影响到你的晋升和与同事的关系；带客户出去吃饭时，你的举止也许就决定了交易的结果；在办公室不雅的言行或许会使你失去一次参加老板家庭宴请的机会……礼仪是一种信息，通过这个媒介可表达出尊敬、友善、真诚的感情，所以，在商务活动中恰当的礼仪可以获得对方的好感、信任，进而推动事业的发展。

（三）沟通感情，协调关系

在商务活动中，随着交往的深入，双方可能都会产生一定的情感和情绪，或吸引，或排斥。良好的礼仪容易使人们之间的感情得到沟通，从而建立起良好的人际关系，使商务交往取得成功。反之，如果不注意良好得体的商务礼仪，则很容易产生感情排斥，给对方以不佳印象，造成人际关系紧张，进而影响到商务活动的顺利进行。所以，从某种程度上来说，商务礼仪是商务交往和谐发展的调节器，遵循它有助于加强人们之间的相互尊重、友好合作的新型关系，也可缓解进而消除那些障碍。

总而言之，对于商务人员来说，商务礼仪是其思想水平、文化修养、交际能力的外在表现；对于企业来说，商务礼仪是企业价值观念、道德理念、员工整体素质的集中体现，是企业文明程度的重要标志。因此，商务礼仪成为直接塑造商务人员个人形象、间接塑造企业形象的重要工具。

三　涉外商务人员应具备的素质

涉外商务工作是一种知识性、技术性很强的开拓性活动，要求商务人员必须具备广博的知识和多方面的能力。特别是在科学技术高速发展、全球经济迅速增长、贸易方式不断创新、新技术和新产品不断涌现的今天，涉外商务人员应不断充实、更新知识，加强信息处理能力、专业技术能力、人际交往能力。

涉外商务人员是从事对外经贸活动的专职人员。涉外商务人员的素质，包括文化水平、工作技能、交际能力和思想修养等，对国际商务活动的开展和国外市场的开拓会产生直接的影响。因此，正确地选拔、培养和锻炼涉外商务人才，成为很多外向型企业和部门的重要工作。

素质是指人的生理、心理方面的个性特征及思想、道德修养状况的总和，表现为一个人的气质、性格、能力和品行，是决定人的行为特征的内在因素。一个人的素质是由先天生理和后天环境结合造就的，因而既具有稳固性又具有可塑性。涉外商务人员应具备的素质可从下述几方面着手培养。

（一）性格特征

国际商务是一种开放型的对外经济，其工作人员与世界各国的经济组织和客户发生频繁的联系，有时还被常年派驻国外，如在国外建立分公司、商务办事处、外贸小组等。一些商务交易要通过商务人员的各种交往活动来完成，这就要求涉外商务人员具有外向型和开拓型的性格特征，即性格开朗、平易近人、开拓进取、兴趣广泛、语言幽默、外语娴熟，能与不同性格的人打交道，具有较强的社会活动能力。

（二）思想品质

思想品质反映一个人的本质，是选择涉外商务人员的首要条件。涉外商务人员应具备的思想品质是：诚实的人品、较高的思想修养、热爱祖国、忠于职守、有良好的敬业精神和坚定的正义立场。在实际工作中，涉外商务人员经常周旋于复杂的社会关系和微妙的人际关系之中，为平衡和处理好各方面的关系往往会采取一些中庸之策，但在重大原则问题上则要立场坚定，因为他代表的不仅是个人，还是国家和企业。另外，良好的思想品质还决定了商务人员为人处世的良好风格和较强的集体主义观念。

（三）文化素养

文化素养包括人的知识水平、接受和更新知识的能力以及把理论与实践相结合的能力。涉外商务人员应受过正规的高等教育，除精通外经贸专业知识外，还应具有娴熟的外语表达和计算机应用技能，同时应了解国际经济法和国际商法、社会学、人际关系学、历史和地理等多方面的知识。另外，外贸人员还需接受商品技术培训，掌握丰富的商品知识，因为一旦被派驻国外市场，他就既是推销员又是售后服务员，随时准备回答客户提出的商品技术问题。

（四）工作能力

工作能力是一个人在具体工作环境中运用所掌握的知识、技能处理和解决问题的能力。涉外商务人员的工作能力包括专业技术能力、组织能力、社交能力和表达能力。

1. 专业技术能力

涉外商务人员应是一个综合型人才，在业务上具有多方面的技能，如市场调查、市场开拓、结算、商品售后服务、收集情报信息等技能。

2. 组织能力

组织能力即组织协调企业的进出口管理工作，建立和拓展国内和国外市场的能力。如果派驻国外工作，涉外商务人员应能很快建立驻外商务机构，疏通各方面的关系，调配好人、财、物，尽快开展工作。

3. 社交能力

社交能力是衡量一个现代人适应社会开放程度的标志之一，也是涉外商务人员应具备的初级条件之一。没有一定的社交能力，是难以建立业务关系的。

4. 表达能力

涉外商务人员除了应有良好的母语表达能力外，还应具备良好的外语表达能力。因为他的客户主要是外国人。通俗、严谨、风趣的语言，不但能取得良好的表达效果，而且能创造交流业务的融洽气氛和亲密无间的客户关系。而良好的书面表达能力也是涉外商务人员应具备的，因为写市场调查报告、汇报材料等都是涉外商务人员经常要做的工作。

自测修养

你是不是有修养，可通过下面的题进行自我测验。每一个问题，只要用“是”或“不是”来加以回答。

（1）你对待店里的售货员或饭店的女服务员是不是跟你对待朋友那样很有礼貌呢？

（2）你是不是很容易生气？

（3）如果有人赞美你，你是不是会向他说“谢谢”呢？

（4）有人尴尬时，你是不是觉得很有趣？

(5) 你是不是很容易展露出笑容，甚至是在陌生人的面前？

(6) 你是不是会关心别人的幸福和舒适？

(7) 在你的谈话和信中，你是不是时常提到自己？

(8) 你是不是认为礼貌对一个男子汉无足轻重？

(9) 跟别人谈话时，你是不是一直很注意对方的反应？

答案

(1) 是。一个富有修养的人，不论是对什么样身份的人，始终都应彬彬有礼。

(2) 不是。动不动就生气的人，修养不会很好。

(3) 是。善于接受他人的赞美是一种做人的艺术。

(4) 不是。幸灾乐祸显出你的修养较差。

(5) 是。微笑始终是自己或其他人通往快乐的最好的入场券。

(6) 是。关心体贴别人是一个人成熟和有魅力的第一个条件。

(7) 不是。那些经常大谈他自己的人很少会受到别人的欢迎。

(8) 不是。良好的风度和礼貌，是做人所必需而且应该具有的自然的反应。

(9) 是。尊重别人才能使别人尊重你。

本章小结

礼仪是指人们在各种社会交往中，为了互相尊重而约定俗成、共同认可的行为规范和程序，是礼节和仪式的总称。

商务礼仪，就是公司或企业的商务人员在商务活动中，为了塑造个人和组织的良好形象，对交往对象表示尊敬与友好的规范或程序，是一般礼仪在商务活动中的运用和体现，包括商务礼节和仪式两方面的内容。

商务人员为了更好地开展商务活动，除了要提高自身的商务礼仪修养之外，还应遵守基本的商务礼仪准则，要做到：(1) 认清主客立场；(2) 多用商量语气；(3) 避免惊吓他人；(4) 尊重他人隐私；(5) 遵时守约，珍爱生命。

商务礼仪 3T 是商务人员的礼仪基本指南。3T 即 Tact（机智）、Timing（时间的选择）、Tolerance（宽恕）。

从事商务活动的黄金规则，即商务人员必备的礼仪修养，具体可用“IMPACT”来概括：正直 (Integrity)、礼貌（Manner）、个性（Personality）、仪表（Appearance）、善解人意（Consideration）和机智（Tact）。

商务人员时刻注重礼仪，既是个人和组织良好素质的体现，也是树立和巩固良好形象的需要。

从某种意义上说，商务礼仪已经成为建立企业文化和现代企业制度的一个重要方面。因此，商务礼仪的功能有：规范行为，塑造形象；传递信息，展示价值；沟通感情，协调关系。

涉外商务人员应具备的素质包括性格特征、思想品质、文化素质、工作能力（专业技术能力、组织能力、社交能力、表达能力）等。

实训任务

实训一

【实训目标】

通过实训，熟悉银行、商务、宾馆、旅游、民航、商场、政务等行业从业人员在工作中的基本礼仪要求。

【实训要求】

按照服务岗位规范手册，分组模拟扮演角色。

【实训口号】

不学礼，无以立。

【实训内容】

(1) 请学生到各行业去实地观察其工作人员的言行举止，反馈信息并相互交流，对照各行业的礼仪标准，加深对各行业礼仪规范要求的了解。

(2) 通过观看各行业人员的工作录像，重点学习各行业的礼貌文明用语，并反复学习和练习，以锻炼其语言表达力和规范性。

(3) 开展形式多样的模拟情景训练，可通过多人组合自创情景模拟训练，即兴式情景模拟训练，或根据教师指定题目进行模拟训练。设置各行业的各种场合，如银行柜台、宾馆前台、商场柜台等，从表情、服饰、姿态、礼貌用语、热情接待服务等多面考察和训练，并分组互相点评、教师点评，纠正其不足并演示正确做法，以区别错误和不规范的做法，进一步感受行业气氛，熟悉其礼仪规范。

(4) 组织开展行业礼仪比赛，以调动学生的积极性和发挥他们的创造性，并在竞争和娱乐中更加熟练地掌握各行业的礼仪要求，以向更多的同学展示自己的风采，宣传其行业礼仪的重要性。

【模拟演练】

以自己的亲身经历谈谈礼仪在生活中的作用。

复习思考

1. 什么是礼仪？礼仪包括哪些内容？
2. 什么是商务礼仪？它有什么作用？
3. 商务人员应遵循哪些礼仪原则？
4. 商务人员怎样才能提高礼仪修养？
5. 涉外商务人员应具备怎样的素质？

第二章 个人礼仪

案例导入

一家公司新近来了一位秘书叫晓兰，她在工作方面没有什么问题，人也非常勤快，可是给人不太得体的感觉。一天，快到中午的时候，晓兰气喘吁吁地从外面办事回到公司，满头大汗。她像个假小子一样只拿手擦了擦汗就开始给客户打电话。同事见她还有些头发沾在眼角边，便说："晓兰，看你出了那么多汗，去补个妆吧。"

"没什么。"晓兰有些不在意，继续埋头干活。

过了不久，晓兰又以一副新面孔出现在公司的同事面前——她脸上的粉擦得特别厚，感觉就像是戏台上的媒婆，差点吓了同事一跳。

评　析

作为职场人员，必须养成随时随地注意保持自己良好的职业形象的习惯，因为无论是接电话时说话的语气，还是与客人交谈时的坐姿，都代表着公司的形象。可以说，职场人员个人在衣着打扮上的爱好和习惯，早已超越了其本身的审美情趣，它是公司整体形象的客观要求。

另外，化妆要同周围环境相协调，不可在公司里显得太扎眼，而应基本随大溜，同时要同自身的年龄、身份相协调。

第一节 优雅的举止

举止即指人的姿态和风度，包括人的站姿、坐姿、走姿、面部表情等。优雅的举止对于个人的形象塑造和事业的成功是至关重要的。优雅得体的举止不仅能体现一个人的良好修养，而且在商务活动中容易得到别人的尊重和信任。因此，从事商务活动的人士应该十分注意自己的举止。

一 姿态

姿态是一种无声的语言，人们的举手投足都在不知不觉中传递着信息，所以在商务活动中保持规范、得体的姿态是十分重要的。具体来讲，就是要具有良好的站姿、坐姿、走姿。

（一）挺拔的站姿

正确的站姿为：头正、颈直、肩平、下颌微收，收腹挺胸，双肩放松，双臂自然下垂，双手放于大腿两侧，手指并拢自然微屈。两腿挺直，两膝相碰，脚跟并拢，两脚尖张开夹角45°左右。男性双腿可以分开，双脚间的距离最多与肩齐。长时间站立时可暗暗调整身体重心，使双脚轮流承受身体重量。不能一条腿弯一条腿直，否则会显得很懒散。正确的站姿给人以挺拔舒展、落落大方、精力充沛的印象。

小贴士

女士优美的站姿为：脊背自然挺直；双手轻放腹部；双膝打直；双脚并拢。

站立时应避免的姿态有：头下垂或上仰，挺腹塌腰，背弯膝松或者一条腿不停地抖动，双手叉在腰间或插在衣裤口袋里，摆弄头发，搓脸，倚着墙或其他物体站立等。

小贴士

站立时的禁忌

（1）忌双手环抱在胸前或压在吊挂式皮包上。

（2）忌姿势常常更换，甚至斜靠在墙上或东西上。

（3）忌用脚尖或脚跟点地，甚至发出声响。

（4）忌手不时把玩头发或物品等。

（5）忌单手或双手叉腰以及身体重心倾向一边。

（二）端正的坐姿

正确的坐姿是：入座时要轻而稳，坐好后腰背挺直，双肩放松，女士两膝并拢，男士膝部可分开但不要超过肩宽。入座后一般坐椅面的2/3，背部轻靠椅背。如果是与长者或上司谈话，为了表示尊敬，上身可以略倾向于对方而不靠椅背。

女士穿裙装入座时应用手将裙后摆稍稍拢一下，再慢慢坐下，以免将裙子弄皱导致起身后不雅。

下面介绍几种常见的坐姿。

1. 正坐

两腿并拢，上身挺直坐正，小腿与地面垂直。男士将两手放在双膝上，双腿分开，双腿之间的距离为一拳到一拳半；女士则双手叠放，置于左腿或右腿上。

2. 侧坐

坐正。女士双膝并紧，上身挺直，两脚同时向左放或向右放，双手叠放，置于左腿或右腿上。男士小腿垂直于地面，上身左倾或右倾，左肘或右肘支撑于扶手上。

3. 开关式坐姿

坐正。女士双膝靠近，两小腿前后分开，两脚前后在一条线上；男士既可两小腿前后分开，也可左右分开，两膝并紧，双手交叉放于双膝上。

4. 交叉式坐姿

两腿前伸，一腿置于另一只脚上，在踝关节处交叉成前交叉坐式，也可小腿后屈，脚前掌着地，在踝关节处交叉（女士可用一只脚挂于另一只脚踝关节处）成后交叉式。

（三）优雅的走姿

最能体现出一个人精神面貌的姿态就是走姿。从一个人的走姿就可以了解其精神状态、基本素质和生活节奏。

走路速度应适中，不要过快或过慢，过快让人觉得轻浮，过慢则显得没有时间观念，没有活力。

走路时要头正颈直，两眼平视前方，上身挺直，挺胸收腹，两臂自然下垂，前后自然摆动，前摆稍向里折约35°，后摆向内折约15°。由后脚跟至前脚掌，相距为1.5～2个脚长。女性的脚步应轻盈均匀，穿裙子时要走成一条直线，使裙子的下摆与脚的动作显示出优美的韵律感；男性的脚步应稳重、大方、有力，显示出阳刚之气。

走路时要注意纠正不正确的走姿，如八字步、含胸、歪脖、挺腹、与人勾肩搭背等。

小贴士

对走的要求是“行如风”，即走起路来像风一样轻盈。

保持优雅的走姿有如下四句口诀：“以胸领动肩轴摆，提髋提膝小步迈，跟落掌接趾推送，双眼平视背放松。”

二 手势

手势是体态语中最丰富、最具有表现力的传播媒介，恰当使用手势会在交际中起到锦上添花的作用。

手势在人际交往中占有重要的地位。它是一种传递信息的方式，有极强的吸引力和表现力，在日常交际中使用频繁。手势的运用要规范适度、简洁明确，还要注意相同手势在不同国家的不同含义。常用的手势有指示的手势、打招呼的手势等。

给人指示方向、指点物体、介绍某人、请人做某事等，都需要用手来指示。正确的指示手势应该是四指并拢，拇指自然分开，手心向上，手臂适度伸出。这种手势在商务活动中的使用频率相当高。

打招呼、致意、告别时也常用手势表达。值得注意的是，当双方距离很近的时候，手势动作要小，抬起小臂挥一挥即可；双方距离较远时，手势动作可以大一些。

在使用手势时，有三点需特别注意：

第一，在任何情况下都不要用手指指点别人，那是极不礼貌的。在谈到自己的时候，可以用右手轻按自己的左胸部，这样显得稳重可信。

第二，因各国习惯不同，同一手势所表达的意思也不尽相同。因此，与外国人交往时不可乱用手势。比如，在我国竖起大拇指表示称赞夸奖；在欧洲一些国家，伸出拇指上挑可视作招呼出租车；而澳大利亚人认为竖起大拇指尤其是横着伸出是一种侮辱。“OK”手势，即用拇指和食指组成一个圆圈，其余三指竖起，这在美国人眼中是好、顺利、平安之意；而在日本则代表钱；在南美洲的一些国家，这是一种下流、侮辱性的手势。如果伸出手掌向下摆动，在中国和日本是招呼别人过来的意思，但在美国这是唤狗的手势，如果用来招呼人则会引起误解。

第三，在交谈中，人们常常借用手势来加强语气、帮助表达。除了要注意手势的正确使用外，还要避免因动作幅度太大、过于夸张而引起对方的反感。

此外，有些手势是令人反感、有损形象的，如当众搔头皮、掏耳朵、挖鼻孔、剔牙、咬指甲、修指甲等。

三 表情

表情是指人的面部情态，即通过面部眉、眼、嘴、鼻的动作和脸色的变化表达出来的内心思想感情。

表情在人际交往中起着十分重要的信息传递作用。心理学家在一系列试验的基础上得出了这样一个公式：

信息的总效果＝7％的言语＋38％的音调＋55％的面部表情

由此可见，面部表情在交际中占有重要的地位。

面部表情主要是通过目光和微笑来传递信息的。

（一）目光

眼睛是心灵的窗户，是人深层心理情感的一种自然表现，如喜、怒、哀、乐都会从目光的微妙变化中反映出来。目光的表现形式是多种多样的：炯炯有神的目光，体现着对事业的坚定而执着的追求；麻木呆滞的目光，反映着对生活心灰意懒的态度；明澈坦荡的目光，反映的是为人正直、心胸开阔；狡黠奸诈的目光，说明为人虚伪、心胸狭窄。在社交中恰到好处的目光应该是：友善尊敬、明澈坦荡、真诚热情、炯炯有神。

在运用目光时有几点特别值得注意：

其一是视线接触的长度，与人交谈时视线接触对方脸部的时间应占全部谈话时间的30%～60%。超过这一平均值者，可认为对谈话者本人比谈话内容更感兴趣；低于此平均值者，则表示对谈话内容和谈话者本身都不怎么感兴趣。因此，在与人交谈时，可以随谈话内容的变化，适当而自然地将目光移向他处，以免引起对方的不适。在许多文化背景中，长时间的注视、直视或上下打量，都是失礼行为。

其二是在与多人交谈时，要不时地用目光与不同角度的听众进行沟通，不要只顾与一两个人交谈，而使其他人有一种冷落感。

其三是目光注视范围。公务场合的注视范围应该是两眼为底线、额头为上限，这种注视范围较窄，显得比较严肃郑重；社交场合注视的位置是以两眼为上限，以唇部为底线，构成一个倒三角，这种目光带有一定的感情色彩，亲切友好。

其四是注意不要总回避对方的目光，这样会使对方以为你心里有鬼或在说谎。

（二）微笑

微笑是社交场合最富有吸引力的面部表情。微笑体现着人际关系中友善、诚信、谦恭、和蔼、融洽等最为美好的感情因素，具有一种天然的吸引力，能使人相悦、相亲、相近。微笑是自信的象征，是礼貌的表示，是心理健康的标志。与人初次见面，微笑可以使其消除紧张感；上级对下级微笑，会让人感到平易近人；服务人员面带微笑，顾客就有宾至如归之感；顾客向服务人员报以微笑，显示对对方的尊敬和理解，会化解对方的烦躁与疲劳。

在人际交往中，微笑能强化有声语言的沟通功能，增强交际效果。微笑的魅力能使“强硬的”变得温柔，“困难的”变得容易，甚至还会反败为胜。因此，在商务活动中一定要善于用真诚的微笑表达对他人的尊重与理解，善用微笑也较易获得别人对自己的尊重与理解。

微笑的礼仪规范

（1）微笑要真诚。

（2）微笑要适度。

（3）微笑要适宜。

第二节 得体的服饰

一 着装礼仪

在商务活动和人际交往中，得体的着装不仅反映了一个人良好的修养与气质，更重要的是表达了对他人的尊重。同一个人因身着不同的服装会给人留下截然不同的印象。因此，我们每个人都应该注重着装礼仪，并且根据自己的素质、气质、性格、职业特性选择最适合自己的服饰基调，不要过于追求华丽，以奢侈为荣，也不能过于随便，不修边幅。

（一）着装原则

1. 合身

即一要合乎自己的身材，二要合乎自己的年龄，三要合乎自己的身份。

2. 合意

既要使自己满意又要使他人满意，既要考虑交际对象的欣赏习惯又要恰当地展现自己的个性。

3. 合时

要有时代特色，既不要过于古板又不要过于超前。我们可以用 TPO 原则来更加具体地表述着装要求：

(1) T（Time），即时间，要求人们着装要随时间的变化而变化。一年之中有四季，一天之中有早晚，着装应各不相同。

(2) P（Place），指的是人们在某一时刻露面的具体场所，如办公室、舞厅、购物中心、友人家中等。在不同的地点着装应不同。如果穿着运动装去参加很重要的商务活动，会显得对人、对事都不大重视。

(3) O（Objective），可以从两方面考虑：一是做事的目的，如果去运动就要穿运动装，去进行商务谈判就要穿正装；二是想给别人留下什么印象，是严谨可信，还是随意自然，不同的着装可以突出不同的印象。

（二）不同场合的着装礼仪

根据 TPO 原则，可以把所处的具体环境分为正式场合、半正式场合和非正式场合三大类型。

1. 正式场合

庆典、商务谈判、盛大宴会、晚会、音乐会等都属于正式场合，在这些场合需要穿礼服。

2. 半正式场合

即工作场合。有些企业要求员工统一着装，但多数企业并无统一要求。一般情况下，工作场合的着装都应该庄重、整洁、大方，与企业文化、职业特征相适应。如银行业，为了提高可信度，接待客户的员工衣着总是庄重、严肃的；而IT业的员工一般着装较随便，因为他们接触的大多是年轻人，轻松、随意的着装更具有亲和力。

3. 非正式场合

聚会、运动、休闲、娱乐等均属于非正式场合。非正式场合的着装以舒适为准，不宜穿正装。

（三）常见的礼服

礼服是对出席礼仪性活动时着装的特指。例如，西方国家最正规的大礼服，男士的是黑色的燕尾服，女士的则是袒胸、露背、拖地的单色连衣裙式服装。

1. 常见的男士礼服

（1）西装。西装是目前世界各地最常见、最标准的礼服。西装与衬衫、领带、皮鞋、袜子等是一个统一的整体，它们彼此间的协调一致能使穿着者显得稳重高雅、自然潇洒。穿西装时要注意衬衫和领带的搭配。最常见的衬衫颜色是白色或其他浅色。领口要适中，以扣上扣子以后自己的食指能上下自由插入为宜。袖子的长度以长出西装袖口2cm左右为宜。领带的颜色要与西装颜色搭配，西裤的长短正好接于脚面，袜色以深色为宜。皮鞋以黑色为最佳，也可以穿深咖啡色。非正式场合可以不扣衣扣，正式场合或半正式场合应扣上衣扣，两粒扣的应扣上上面一粒，三粒扣的只扣上上面两粒，总之不论有几粒衣扣，最下面的那一粒都不要扣上。

（2）中山装。中山装是中国人常穿的礼服。穿中山装要求衣服平整，衣领处可以露出一道白衬衫领。衣兜不要鼓鼓囊囊，内衣不要太厚，任何场合都要扣好扣子和领钩。上下装同质同色，配黑色皮鞋。

穿中山装可显得庄重、大方、稳健，富有中国气派，适于出席各种外交、社交场合。

中山装的由来

中山装在国际上被视为中国男式礼服的代表性服装。

孙中山先生在居住日本期间，看到日本学生所穿服装简朴、方便、灵巧、大方，于是他就将这种学生装的领子和口袋等部位加以改革，改成单立领，前身门襟九粒扣子，左右上下四个明袋，袋褶向外露，后身有背带缝，中腰处有一腰带，这就是最早的中山装。

2. 常见的女士礼服

（1）套裙。套裙以西式样子居多，现在也有一些设计考究的富于中国特色的套裙。女士在正式场合的着装，以裙装为佳，其中又以西式套裙为首选，其适合在任何正式场合穿着。套裙应成套而穿，表明对工作的严谨和对对方的尊重。穿着时要注意色少、款新，不宜穿亮度过高的色彩，如大红、大黄、大绿，同时要注意与衬衫的色彩搭配。

女士穿套裙的四大忌

(1) 忌穿黑色皮裙。

(2) 忌裙、鞋、袜不搭配。

(3) 忌光脚。

(4) 忌“三截腿”。

(2) 旗袍。旗袍是具有中华民族特色的服装，在正式场合穿着可以很好地体现中华民族的气质。作为礼服穿着的旗袍应该做工考究，质地上乘。值得注意的是，旗袍的开衩不能过高，以膝上一到两寸为好。

(3) 鞋与袜的穿着要求。女士的正装鞋是高跟或半高跟浅口皮鞋，袜色以肉色最佳，不能穿带网眼和有图案的袜子，穿着时应注意不要露出袜口。

(4) 服装的色彩搭配。正规场合所穿的服饰色彩应该遵守“三色”原则，即全身上下的衣着保持在三种色彩之内，而且这三种色彩应该相互协调。此外，男士着装还应注意“三一律”原则，即公文包与鞋子、腰带的色彩相同。

二 配饰礼仪

配饰是指人们佩戴的装饰物品。各种饰品的佩戴必须符合一定的礼仪规范与佩戴原则才能达到较好的效果。配饰的佩戴原则是宜少不宜多，首饰佩戴不要超过三件。

(一) 各种配饰的佩戴礼仪

主要是要把握戒指、手镯、领带夹、袖扣等饰物的佩戴规范。

1. 戒指的佩戴

戒指既是一种装饰品，又是吉祥物和生活变迁的标记，其佩戴很有讲究。国际上较为通行的佩戴规范是把戒指戴在左手上，拇指不戴戒指。作为特定信息的传递物，戒指的不同佩戴方式表达了不同的含义。例如，戴在食指上表示无偶求爱；戴在中指上表示已在恋爱；戴在无名指上表示已订婚或结婚；戴在小指上表示奉行独身主义。在商业交际中，应注意准确地传递戒指的特定信息，以免造成误会。

2. 手镯的佩戴

手镯是一种常见的首饰，其佩戴方法不甚讲究。一般情况下，在左手腕或左、右两手腕同时佩戴，表示佩戴者已婚；仅在右手上佩戴，则表明佩戴者是自由而不受约束的。同一手腕上不应同时佩戴手表和手镯。同时还要注意手镯的戴法会因各地各民族的习俗不同而不同。中国人习惯将手镯戴在右手腕，而西方不少地方则习惯戴在左手腕。

3. 领带夹和袖扣的佩戴

领带夹是最常见、最醒目的男用饰品之一。领带夹的位置不能太靠上，以在从上往下数的第三粒与第四粒衬衫衣扣之间为宜。在正式场合佩戴领带夹，需考虑其质地，应选择工艺精致、材料考究的领带夹。袖扣是佩戴在男士衬衫袖口上的特有装饰，常与领带夹配套使用，因此，要注意两者在造型、图案、色彩、材料等方面风格统一，相互协调。

（二）不同场合的配饰礼仪

1. 正式场合

正式场合的配饰要考究。如果参加一些典礼、礼仪活动，可以适当戴一两件稍大的首饰；参加晚上的社交活动，要配合晚礼服戴大型首饰。如果穿西式大礼服，首饰一定要华丽，耳坠与项链的式样应该搭配。如果社交活动属于商务应酬范围，女士的装束要保守一些。参加交谊舞会时，女士则要注意携带一个与服饰相配的手包，要小到可以挂在手腕上。

2. 半正式场合

在商务活动中，女性所佩戴的首饰要与职业装相配，最好不要超过两件，式样宜简洁。男士已婚者在左手无名指上戴一枚结婚戒指即可。

3. 非正式场合

非正式场合的配饰没有过多的要求，可以根据个性佩戴各种质地的首饰。

小贴士

（1）遵从有关的传统和习惯佩戴饰品，在社交场合不靠佩戴的饰品去标新立异。

（2）不要使用粗制滥造之物，在正式场合中不戴饰品是可以的，戴就要戴质地、做工俱佳的。

（3）佩戴饰品要注意场合，一般只有在交际应酬时才佩戴饰品，严肃的工作场合以不戴或少戴为好。

（4）佩戴饰品必须考虑性别差异。一般场合，女士可适当佩戴首饰，而男士佩戴结婚戒指即可。场合越正规，男士戴的饰品就应当越少。

第三节　整洁的仪容

仪容指人的外表、外貌。在商务交往中，整洁的仪容不仅体现了本人的良好修养，而且表现着

对交往对象的尊重，因此，也是礼仪的重要内容。

一 美发礼仪

美发礼仪指的是头发的护理与修饰的礼仪规范，是装束礼仪之中不可或缺的组成部分。在正常情况下，人们观察一个人往往是“从头开始”的，因此，不可忽视对头发的打理和修饰。

美发礼仪主要分为护发礼仪和做发礼仪这两个有机的组成部分。

（一）护发礼仪

商务人员的头发必须经常保持健康秀美、干净卫生、清爽整齐的状态。

1. 要重视头发的洗涤

保持头发干净、清洁的基本方法是要对它进行认真洗涤，最好是每日一次。洗涤头发，一是为了去除灰垢，二是为了清除头屑，三是为了防止异味，四是为了使头发柔顺服帖。此外，洗涤还有助于保养头发。

洗涤头发有三点必须注意：其一，注意水的选择，以水温 40℃左右为宜，温度过高过低，都对头发有害，各种矿泉水都不宜用来洗头。其二，注意洗发剂的使用。应该选择适合自己发质、营养柔顺头发、刺激性小、易于漂洗的洗发剂。其三，要注意头发的变干。洗头之后最好令其自然晾干。此种做法最有益保护头发。如使用电吹风将其吹干，也应选择低温，否则会伤害头发。

2. 要重视头发的梳理

梳理头发有三点值得注意：一是要选择适当的工具，主要标准是不会伤及头发、头皮。外出时最好随身携带一把梳子，以备不时之用。二是要掌握梳理的技巧。梳理头发，不但是为了将其理顺，而且是为了促进头部的血液循环与皮脂分泌，提高头发与头皮的生理机能。因此，用力要适度，梳子与头发可形成一定的角度，以促使头发起伏变化。三是要避免公开的操作。梳理头发是一种私人性质的活动，不宜在公开场合进行。

3. 要重视头发的养护

要保护好头发，就应尽量避免接触强碱性或强酸性物质，避免长时间暴晒。洗头之后应使用适量护发剂，此外，一些质量上好的发乳、发露、发油、发胶、发蜡等，只要使用得法，也会有一定的护发作用。

（二）做发礼仪

做发礼仪所涉及的主要是有关头发的修剪、造型等方面的问题。其基本要求是：必须以庄重、简约、典雅、大方为其主导风格。

发型对仪容的影响很大，发型的选择除了考虑时尚因素和个人爱好以外，还要考虑个人条件和所处场合。

在正式场合，发型应当庄重、保守一些，尤其在商务活动中，过于新潮甚至怪异的发型会让人产生不信任感。因此，很多公司对员工的发型有明确的要求。在参加重要的商务活动之前，应该到美发厅去打理一下头发。女性在穿晚礼服时，头发应该盘起来，年轻女性可以梳时尚的高发髻，年长者梳的发髻则应该稍低一些。现在的假发做得越来越逼真，需要时选一顶接近自己头发颜色、适合自己脸形、适合正式场合的假发戴上也很不错。

此外，发型的选择应该与个人条件相匹配。比如，年轻人梳一个马尾辫显得很有朝气，可是若是一名中年女士这么梳就会显得极不协调。脸形、身材等也是选择发型时必须考虑的因素：长脸形的人适合梳齐耳短发，额前留刘海，而圆脸形的人就不太适合；个子较高者适合梳披肩长发，而矮小者梳披肩长发就会使人显得更矮。另外，在正式场合所选择的发型应该有性别的差异，尽管近几年来发型的选择愈来愈多元化，男子可以留披肩发，少女也可以理成板儿寸，但是在商务交往中选择这样的发型是很不明智的，以发型而分男女仍然是商界的惯例。

二　化妆礼仪

化妆是一种通过对美容用品的使用来修饰自己的仪容、美化自我形象的行为。对一般人来讲，化妆的最实际的目的是对自己的容貌上的某些缺陷加以弥补，以期扬长避短，使自己更加美丽、更加自信。在许多商务场合，服饰与妆容的配合已成定规，是一种礼仪，是表示对这一场合的重视和对参加者的尊重。在国外，参加商务活动而不化妆，会被交往对象理解为蔑视对方，或是一种侮辱。

由于化妆在商务交往中与维护形象和对交往对象的尊重有关，因此，每位商务人员对于化妆问题都不可以掉以轻心。

一般来讲，工作时应该化淡妆，参加晚宴、舞会时妆可以化得浓一些。淡妆要清爽自然，浓妆要华美不俗。

（一）皮肤的护理

拥有好的皮肤，即使不化妆也能展现健康自然之美，因此，我们必须十分注意保养好自己的皮肤。要想皮肤好，首先，要有健康的身体，经常性的身体锻炼对皮肤是很有好处的。其次，科学的饮食也很重要，多吃蔬菜水果、不偏食、不盲目减肥等都对皮肤有好处。最后，坚持经常性地按摩可以促进皮肤的血液循环，有利于吸收护肤品中的营养成分，增加皮肤的弹性。条件允许的话，经常去美容院做系统护理最好。

（二）化妆

化妆的步骤如下所述：

第一步，沐浴。沐浴时使用浴液，浴后使用润肤膏保养、护理全身肌肤，并注意保护手部。

第二步，做头发。使用发胶或啫喱做出合适的发型。

第三步，洁面。用洗面奶去除油垢、汗水与灰尘，使面部彻底清洁。随后在脸上扑打化妆水，为面部化妆做好准备。

第四步，涂敷粉底。先涂上少量的护肤霜，以保护皮肤免受其他化妆品的刺激，此外，它还能使涂敷粉底的工作进行得更容易。接下来，在面部的不同区域使用深浅不同的粉底，使妆面产生立体感。完成之后，可使用少许定妆粉来固定粉底。

第五步，描眉。描眉时要顺着眉毛生长的方向一根一根地画，不要一笔到底，画完后用小刷轻轻刷两下，去掉笔痕。

第六步，画眼线。一定要把眼线画得紧贴睫毛。上眼线从内眼角画到外眼角，下眼线一般只从外眼角画至距内眼角 1/3 处即收笔，外眼角处的眼线稍粗，渐渐细到没有。上下眼线不连接，上眼线稍长出眼角。

第七步，涂眼影。眼影用来为眼部着色，加强眼睛的立体感。一般可用双色眼影，沿眼线到外眼角上方涂抹，颜色由深到浅涂出立体感。

第八步，美化鼻部。即画出鼻侧影，以改变鼻形的缺陷。

第九步，打腮红。使用胭脂扑打腮红，目的是修饰美化面颊，使人看上去容光焕发。腮红颜色最好与眼影或唇膏属同一色系，给人一种和谐之感。涂好腮红之后，应再次用定妆粉定妆。

第十步，修饰唇形。先用唇笔描出唇形，然后填入色彩适宜的唇膏。涂完后，用纸巾吸去多余的唇膏。

第十一步，喷涂香水。

第十二步，修整补妆。检查化妆的效果，进行必要的调整、补充、修饰和矫正。至此，一次全套化妆就完成了。

不一定每次化妆都完全按照上述步骤去做，化淡妆简单一些，化浓妆可能还要复杂一些。

在工作岗位上，化妆应遵守如下规则：

（1）以淡妆为主；

（2）避免过量使用芳香型化妆品；

（3）避免当众化妆或补妆；

（4）不在公共场合与他人探讨化妆问题；

（5）避免妆面出现残缺。

（三）香水的使用

1. 香水的类型

我们平时所说的香水包括三种：香水、花露水、古龙水。香水是含香料最多的，稍微抹一点就有较持久的香气。花露水的味道比香水淡，酒精含量比香水多。古龙水的味道更淡，适用的场合最多，只是香味不易持久。

香水的香味大致分为三类：一是花香，这是最常见的一类，很受少女欢迎。二是水果香，其中柑橘系列的香味让人感到清爽，常常被男用香水采用。有的是水果香与花香混合的，有可爱甜蜜的味道，很适合少女。三是森林田野的味道或海洋的味道，是近年来颇为流行的，迎合了现代人希望回归大自然的心理，具有智慧感和现代感。这三类香水都可以在上班时使用。

香水散发出的香气是因人而异的，一定要涂到身上后才能确定，因此，选香水时不能仅闻一闻瓶口的味道，而应该把它喷在手腕内侧，过一会儿再闻，才能确定是不是你喜欢的。

2. 香水的使用方法

香水适合喷洒在耳后、耳垂、手腕内侧、膝盖后面，这些地方体表温度略高，利于香水味道的散发。千万不要喷洒在头发上、腋下等爱出汗的地方，这样容易使香水的味道与汗味混合，效果会适得其反。

此外，如果使用香水，其他化妆品的味道则越淡越好。

（四）补妆

化妆以后，为了持久保持较好的形象，适时地补妆是十分必要的。尤其是午饭以后和下班之前，午饭后爱出油的地方会出油发亮，唇膏也脱去了许多，需要进行补妆，下班前人易显得疲劳，适当补补妆可以恢复活力。

补妆时不必把妆全部洗掉，只需用面巾纸轻轻按在出油的地方把油吸掉，再扑一点粉、涂涂口红即可。

（五）个人卫生

良好的卫生习惯也是礼仪中不可缺少的一部分，作为商务人员，任何场合都应该以干净、整洁的形象出现在他人面前。

为达到这一目的，商务人员应该经常换洗衣服，而且要熨烫平整，衬衫、袜子最好一天一换，皮鞋擦亮，头发不要油腻，不要有头皮屑，刮干净胡须，认真修剪和洗净指甲，同时还要避免口臭及身体异味的出现。

小贴士

（1）修剪头发时，对于男性来讲应当求短忌长；对于女性来讲，则不提倡留披肩发，偏爱披肩发者在工作时有必要将头发暂时盘束起来。

（2）修剪指甲，总的要求是忌长，并且应经常修剪。

（3）通常情况下，不应把头发染成其他颜色，不应在手指甲上涂抹彩色指甲油。

（4）切记“修饰避人”的原则。在对自己的仪表仪容修饰、整理时，要自觉回避他人，以示对己对人的尊重。女士需补妆时，应避开他人或到洗手间内进行。

（5）男士不化妆，以修面、理发为主，但也可少量使用护肤霜、香水等；女士要以淡妆为主，达到容貌端庄、自然、健康的效果。

（6）根据装束、自身特点、场合需要选择佩戴饰品。佩戴饰品时应符合佩戴要求，以点缀为主。

第四节　礼貌的谈吐

谈话是人们进行沟通交流的主要形式，在商务活动中不可缺少，因此，掌握谈话礼仪是十分重要的。

一 礼貌谈吐的基本要求

（一）谈话的态度要诚恳

谈话的基本态度是“诚恳”，只有在双方态度诚恳的情况下才可能获得良好的沟通效果。谈话中可能会出现分歧，此时一定要冷静，先让对方讲完，听清楚他的看法，设法找到对方意见的可取之处，尽可能消除分歧。即使需要坚持自己的观点，也应该态度和缓。注意切不可以生气的态度与人交谈，采用这种态度交流是不会取得良好的沟通效果的。

诚恳的态度源于真诚，只有真诚地与人交流，才能获得别人的信任与尊重，这一点在商务活动中显得尤为重要。因此，在人际交往中应该避免当面一套、背后一套的虚伪做法。

小贴士

若想让别人觉得自己有吸引力，最好的办法就是说话真诚明了，并且明智地选择话题。

在商务活动中，即使话不投机，也不宜只说“半句话”。

（二）谈话的声音要适中

在交谈中要特别注意谈话的声音，不能过大也不能过小。其标准是：让所有参与者都能听清而又不干扰与之无关的人。在公共汽车上，在候机室、候车室，在展览馆、博物馆、餐厅、饭店、音乐厅等一切公共场所，都不应该大声说话，这是对他人利益的尊重。

在商务活动中还要学会控制自己的情绪，不能让消极的情绪通过自己的声音流露出来。语气理性、语音清晰、声调略低，是职业的需要，有利于树立良好的形象。

（三）注意谈话时的人际距离

心理学家发现，在人群中每个人都需要一个个体空间，它就像一个无形的“气泡”把人包围着。一旦有其他人靠得太近，突破了这个“气泡”，就会令人感到不舒服。一个心理学家做过一个有趣的实验，在一个读者寥寥的大阅览室内，他匆匆闯进，坐在一位读者身边，那位读者瞪了他一眼便拿着书本走开了，他又如法炮制坐到另一位读者的身边，另一位也皱着眉头走开了。两位读者离开这位心理学家的本能反应来源于这位心理学家侵犯了他们的“心理人际空间”，这个心理空间如同一个私人领地，一旦被人侵入，就有一种被冒犯的感觉。因此，在与人交谈中应特别注意与谈话者之间的人际距离，不要在不知不觉中冒犯了交往对象。

根据人们感情交往的程度不同，空间距离可分为四种：

（1）亲密距离（0～45cm）。只有有血缘关系的人、同性好友、恋人、夫妻等可以采用。

（2）个人距离（45～120cm）。在个人距离内交谈一般带有情感，好友可以采用这种距离。

（3）社交距离（120～360cm）。这是公事公办的距离，适合人们进行社会性的非个人的相互联系，如同事们在一起工作、各种公务交往等。

(4) 公众距离（360cm 以上）。这是公式化的、社会活动的距离。

不同国家、不同地区的人际距离会有差异，因此，在交往中要特别注意。

二 恰当的称谓

称谓即人们在日常的交往中彼此之间的称呼。在不同的场合针对不同的人采用恰当的称谓是礼仪的基本要求。常见的称呼方式有下述几种。

(一) 通用称呼

在我国，通用称呼主要有同志、老师、师傅、先生、小姐、女士等。这些称呼主要在公共场合使用。

(1)“同志”的适用范围曾经很广，但现在它的适用范围已经缩小了，在商务场合几乎不用。如果到政府部门办事，使用“同志”还是合适的。

(2)“老师”不仅是职业称呼，也是在公共场合对人的一种尊称，在演艺界尤为流行。

(3)“师傅”这一称呼曾十分流行，现在除了在工厂作为职业称呼使用之外，也可以在公共场合用来称呼体力劳动者。

(4)“先生”是现在在公共场合比较通行的对男性的称呼。

(5)“小姐”是在公共场合对年轻女性的称呼。但是现在在某些地区，服务业的女性忌讳这种称呼，所以可以称呼她们“服务员小姐”“售货员小姐”等。

(6)“女士”对各个年龄段的已婚、未婚女性都适用，显得更文雅、更正规。

(二) 职业性称呼

职业性称呼常用于公务场合，主要有以下几种称呼形式：

(1) 姓＋职位，如张经理、王厂长、刘院长等。

(2) 姓＋职称，如陈教授、李工程师等。

(3) 姓＋职业或学衔，如王医生、李老师、张法官、赵博士等，也可以在有些职业的后面加通用称呼，如律师先生、法官先生。只有博士学衔可以用来称呼，如孙博士，在国外是很重视这一称呼的。

对有上述职位、职称、学衔的人，用职业性称呼比用通用称呼更好，更体现对他们取得的成就的尊重。

(三) 姓名式称呼

主要有以下几种称呼形式：

(1) 称呼全名。常用于严肃的场合。如上级称下级、老师称学生、年长者称年轻者或是关系较近者互相称呼。

(2) 只称名，省略姓。这样称呼适合于关系较近者，但是单名一般不省略。如“程刚”，别人不会称其为“刚”，除非夫妻或恋人之间。

(3) 老、小＋姓。这种称呼在公务场合常用，如小王、老李，这样称呼显得比较亲切。

（四）零称谓

零称谓即“喂”“嘿”“拿包的”“穿大衣的”等用来指人的短语。零称谓是带有贬义的一种称呼，在公共场合使用会带有一种不敬之意，在商务交往中切不可使用。

（五）社交中采用称谓要考虑的因素

1. 称呼要看对象

对不同性别的人应使用不同的称呼。如对女子称“女士”，对男子称“先生”。

对不同亲密程度的人使用不同的称呼。如对于亲密度高的人可以称呼小名、绰号，而对亲密度低的人则不行。

对不同国籍的人采用不同的称呼。西方国家对人的口头称呼一般称姓，朋友之间称名字，正式场合用全名。在我国称呼外宾，对男士一般可称先生或名字＋先生，对女子可称夫人、小姐、女士等，知道名字的最好冠以名字，这样能给客人以亲切感。对地位高的政府官员可称阁下。面对君主制国家的来宾，对国王称陛下，对亲王、王子、公主称殿下。

2. 称呼要看场合

一般情况下，人们使用的都是与其环境相对应的正式称谓。例如，一位陈姓男士在某单位任职书记，下级向他汇报工作时称其为“陈书记”，同事和他交往时称其为“老陈”，与老朋友聚会时大家则称他为“陈大哥”，而出席正式的晚宴时人们又称他“陈先生”。由此可见，不同场合的称谓是不同的。

3. 如何称呼别人和自己的身份、修养有关

称呼别人时也要考虑是否与自己的身份相符，不能过谦，这样会有失身份，也不能傲慢无礼，甚至采用零称谓，这样也会损害自己的形象。

三 常用礼貌语

礼貌是人们在交往中彼此表示尊重与友好的行为规范。礼貌用语则是尊重他人的具体表现，是建立友好关系的敲门砖。在日常生活中，尤其在社交场合中，使用礼貌用语十分必要，多用礼貌用语不仅表示尊重别人，而且体现了自己的修养，在商务交往中有利于双方交往气氛的融洽。“请”“谢谢”“对不起”“你好”是人们在日常生活中最常用的礼貌用语。

不论在商务交往中，还是在日常生活中，都应该做到“请”不离口。当要从人群中穿过时，要说“请让一下”；嫌空气闷热时，要说“请把窗户开一下”；需要停车时，要说“请停一下车”；用餐时，要对服务员说“请你给我一杯咖啡”。

此外，只要得到了别人的帮助，都须说声“谢谢”，不论事大事小。买到称心如意的东西时要说声“谢谢”；客户付了款时要说声“谢谢”；服务员送来一杯咖啡时要说“谢谢”；得到别人的谅解时也要说声“谢谢”。当人们称谢时，接受者也要用“不用谢”“别客气”“没关系”“这个算不了什么”“乐意效劳”等礼貌用语回敬，以示尊重对方。不过，千万注意：在美国，为一件事道谢，只谢一次即可，绝不能不断道谢；在中国，为一件事道谢，可以谢了又谢，“一再致谢”表明谢意之真诚，这是中国人的言谈礼仪。

“对不起”也是非常重要的礼貌用语。无论何时何地因何事打扰别人，都必须说声“对不起”。在日本，说“对不起”已成了一种文化，在遭到责怪时，即使不是自己的错，也要先说“对不起”，然后再解释。因此，商务交往中不要忘记常说“对不起”。当要经过别人的面前时，要说“对不起”；在离开宴会时要说“对不起”；无意之中打了个“喷嚏”要说“对不起”；在中途离开会议时要说“对不起”；约会时迟到了更要说“对不起”。当一方说“对不起”时，另一方也应该用“没关系”之类的礼貌用语来应答，以示相互尊重、相互谅解。

在中国也常用“劳驾”表示歉意，如穿过人群时说声“劳驾”，比说“请让开一下”显得更有礼貌。

“你好”“上午好”“下午好”“晚上好”“晚安”等问候语应该天天说。在欧美国家和日本，这一类的问候语人人说、天天说、处处说。如果在楼道中相遇，即使不认识，也要相互打招呼，所以商务人员应该养成见面问好的好习惯。

小贴士

敬语是谈吐文雅的重要体现，是展示谈话人风度和魅力的必不可少的基本要素之一，是尊重他人并获得他人尊重的必要条件，是人际交往达到和谐融洽境界的推动因素。

四　交谈中的技巧

商务交往对商务人员的口才有很高的要求。商务人员不一定要伶牙俐齿，但必须具有良好的逻辑思维能力、清晰的语言表达能力，在谈话之中保持应有的风度，始终以礼待人。在商务活动的交谈中，主要应掌握如下技巧。

（一）谈话目的要明确

谈话前必须明确“想说明什么”。要把思路理清楚，这样才能提高效率。

（二）表述要准确

只有表述准确，才能使对方正确地理解自己所要表述的意思。为了表达准确，应该遵从 5 个 W（When、Where、Who、What、Why）、2 个 H（How to、How much）。其表述示例如表 2-1 所列。

表 2-1　5 个 W 和 2 个 H 表述示例

	表述不明确	表述明确
When	最好快一点	今天中午 11 点以前
Where	在谈判桌右边	进门面对谈判桌的右边
Who	交给领导	交给市场部李部长
What	把这件事研究一下	下班前请告诉我研究结果

续表

	表述不明确	表述明确
Why	先复印这份文件	这份文件今天下午2点要用，请先复印
How to	请快一点寄去	请用特快专递寄给他
How much	请尽量节约	请不要超过1000元

（三）交谈中的用语要规范、通俗、文明

交际语言的最大特点是社会通用性，语言若不规范就不可能为人们所接受。

语言的通俗化也很重要，通俗的语言容易被人们接受、记住。英国首相丘吉尔在一次演讲时说过这么一句话："我所能奉献给你们的只是鲜血、劳累、眼泪和汗水。"从那以后许多英国人都引用这句话，但只记住了"鲜血、眼泪和汗水"而忘了"劳累"，因为"劳累"这个词抽象，不好琢磨，所以很快被人们淡忘了。

语言的文明化则是交谈中最基本的礼仪要求。它不仅表现了个人的修养，而且是对别人的尊重。所以在交往中应避免使用尖刻、讽刺、嘲笑甚至谩骂的语言，而且应有意识地多使用礼貌语言。

（四）商界人士应该运用自如的说话技巧

1. 寒暄与问候

寒暄的主要用途是在人际交往中打破僵局，缩短人际间的距离或是向对方表示乐于与之交往之意。所以，若能恰当地使用寒暄语，往往会为双方进一步的交谈做好铺垫。常用的寒暄方式是关切的问候，如"您好""最近忙吗""家人都好吗""身体怎么样"。

与初次见面的人寒暄可以礼貌地问好，也可以说"很高兴认识您""见到您很荣幸""幸会"等；随便一些可以说"早听说过您的大名""某某常谈起您""早就拜读过您的大作"等。西方人寒暄时则常常喜欢谈论天气。

2. 称赞与感谢

懂得恰当赞美别人的人往往最受欢迎，因为普遍来讲人们都是喜欢听赞美之词的，所以从事商务活动的人应该学会适当地赞美别人。赞美别人，应该有感而发，诚挚中肯，恰如其分，不要有阿谀奉承之嫌。有时对人的精神面貌、服装、发型进行恰当的赞美往往比较安全，如"气色真不错""您今天真精神""这套服装真适合您"等。值得注意的是，赞美别人时不要引起误解。如"您今天穿的这身衣服，比昨天的那身好看多了"或是"从照片上看你可真年轻呀"，前者可被理解为"昨天穿的衣服太差劲"，后者则可被理解为"照片上看着年轻，实际看上去可不年轻"，这样赞美适得其反。

此外，对他人给予的关心、照顾、支持、鼓励、帮助表示感谢也是十分必要的。感谢也是一种赞美，是对他人付出的肯定。商务人员对他人说一声"谢谢"的场合非常多，如受到他人夸赞时，获得礼品时，得到同事、领导、邻居的关照时，得到他人理解时，接受别人的服务时等，都应真诚地说一声"谢谢"。

3. 争执与辩论

在商务交往中，特别是在某些正式的场合，为了国家利益或本企业利益，有时免不了会发生争执。即使争执的发生是不可避免的，在进行必要的争辩时也需先礼让三分，先礼后兵。争辩不是争

吵，所以在争执辩论的过程中依旧要讲文明礼貌，要始终如一地尊重交往对象，维护其自尊心，要晓之以理、动之以情，“台上是对手，台下是朋友”。坚决避免揭发隐私、谩骂、人身攻击等现象发生。

4. 拒绝

在商务交往中，学会有礼貌地拒绝是十分重要的。拒绝就是不接受对方的建议、意见、批评或者邀请。拒绝他人会使双方一时有些尴尬难堪，但是应该拒绝时一定要果断，不要模棱两可，后者所造成的后果可能会更糟。

拒绝时应注意不要把话说绝，尽量委婉，以免让别人感到为难。拒绝有四种方法：

(1) 直接拒绝。即将拒绝之意当场明讲。采用此法时要避免态度生硬，并且要讲明拒绝的原因，必要时要表明歉意。如拒绝馈赠时可以说：“谢谢您的好意，但我公司规定不能收他人的礼金，对不起了，您的钱我不能收。”这样做，对方就不好强人所难了。

(2) 婉言拒绝。就是用温和曲折的语言表达拒绝之意。与直接拒绝相比，这么做可以顾全被拒绝者的尊严。

(3) 沉默拒绝。即在面对难以回答的问题时暂时一言不发。这种拒绝方式常常会产生极强的心理上的威慑力，令对方不好继续下去。

(4) 回避拒绝。对对方不说“是”也不说“否”，而是转而议论其他事情，尤其在遇到他人过分的要求时，用这种方式拒绝比较机智。

5. 道歉

在人际交往中，如果自己的言行有失礼和不当之处，或是打搅了他人，应该及时道歉。在确定自己错了之后，绝不能文过饰非，将错就错，而应以适当的方式道歉，这样不仅可以获得他人的原谅，而且可以消除宿怨，获得理解。注意道歉一定要及时，要大大方方，不要遮遮掩掩，也不要过分贬低自己，否则可能让人看不起。

(五) 交谈中应注意的问题

1. 不要随意打断对方的谈话

交谈中最好不要随意打断别人的谈话，如果确实没有听清，需要等对方的话告一段落再插话，打断别人谈话时一定先道声“对不起”。

2. 要照顾到在场的所有人

当多人在一起交谈时，应选择大家都可介入、都方便发表意见的话题，不要只对着一个人说，置其他人于不顾。此外，要经常用目光照应一下所有的人，以免不知不觉中冷落了在场的其他客人。

3. 礼貌地加入别人的谈话

想加入别人的谈话时，要先打招呼，可以说：“对不起，我可以听听吗?”“看你们聊得挺热闹，我能参加吗?”千万不要毫无声响地站到别人身旁，这样既没礼貌，又有偷听的嫌疑，在社交场合尤其忌讳这么做。

4. 注意谈话中的禁忌

与人交谈时要注意以下几点：

（1）不问婚否；

（2）不问收入和支出；

（3）不问个人经历；

（4）不问年龄；

（5）不问家庭住址和电话；

（6）不和陌生人谈政治和宗教；

（7）不要随意谈论不在场的人。

总之，交谈中不要涉及个人的隐私，在与外国人打交道时特别要注意这一点，不要问及他们任何涉及个人隐私的问题，因为他们把工作和生活分得很清楚。

五 聆听的艺术

倾听是说话的有效补充，在人际交往中，做一个耐心而又机敏的听众十分重要。专心致志地听别人讲话也是一种对他人的尊重，同样会受到人们的喜爱和尊重。

（一）要积极地倾听

在听的过程中要有积极主动的参与精神和强烈的交流欲望。积极地倾听绝不仅是用耳朵，而是用整个身心，要始终保持认真的态度、专注的精神、动人的情感和入神的姿态，这种听人讲话的态度会给对方留下极好的印象。所以，在听的过程中应注意不要让身体放松，如随随便便地靠在沙发背上，或手中玩弄小物件，这种漫不经心的态度是很不礼貌的。

（二）主动给对方以反馈

为了表明对谈话内容的重视，应该主动地给对方以反馈，即以面部表情或动作向对方示意你对他的话语的了解程度，需要时还可以请对方做进一步解释。

（三）适时而有礼貌地插话

在对方谈话的过程中可以在适当的时候插话，但要注意不能突然打断对方的谈话，而应该在对方停顿的时候针对谈话内容提一些问题，或简短阐明一下自己的观点，如“您说得很有道理，请接着讲下去”等，从而达到充分交流的目的。

（四）采用鼓励的话语和眼神

应该用鼓励的话语和眼神使对方明白你的关注，从而促使对方继续讲下去。

（五）边听边分析

有时，人们对于一些意见的表达不是直截了当的，而是用很多言外之意来表达真实意思，所以一定要边听边分析，弄清表面话语下的真实意思。有些国家的人说话比较委婉，比如，日本人，当他想要拒绝的时候，总是用模棱两可的话来表示，此时应特别留意，如不了解他们的表达习惯，就会产生沟通障碍。

本章小结

生活中的礼仪是商务礼仪中十分重要的一部分，从一个人的言谈举止到服饰的穿着与搭配，均可反映出一个商务人员的基本素质与修养，因此，作为商务人员应该具有优雅的体态、得体的举止、较高的服饰品位、良好的个人卫生习惯。同时要了解不同场合、不同文化环境的礼仪要求，掌握服饰的 TPO 原则，在与人交往中要有礼貌的谈吐习惯，能够恰当地使用称谓，特别要尊重交往对象的个人隐私，注意谈话的禁忌，此外，还要学会做一个好的聆听者。总之，注意生活中的礼仪规范不仅体现了个人的修养，而且是体现了对他人的尊重。

实训任务

实训二

【实训目标】

通过实训，掌握简单的化妆技巧，学会简单的化妆。

【实训要求】

准备镜面、洗脸盆、毛巾、棉球、粉底霜、胭脂、眼影、眉笔、唇彩等必要的化妆品，两个人一组化妆。

【实训口号】

淡雅无痕，美丽动人。

【实训内容】

一、化淡妆的程序

（1）清洁皮肤、润肤：用温水清洗皮肤，然后用护肤霜或乳液润肤，这是为了给皮肤补充水分或是收缩毛孔。

（2）涂营养面霜与防晒隔离霜：涂营养面霜是给皮肤补充营养，防晒隔离霜是隔离空气中的粉尘、污垢和紫外线的照射，起到保护皮肤的作用。

（3）打粉底（让皮肤显得细腻）：选择比自己肤色暗一点的，或是与自己肤色相等的粉底，这样的妆会显得透明，没有假的感觉。

（4）画眼线、施眼影：眼线是从眼睛的上方 2/3 处开始画，下方画 1/2，也有人不画下眼线的，视眼睛标准程度而定。施眼影是从外眼角开始，外深内浅，眉下方处要用亮色，要选择与衣服相配的眼影。

（5）涂睫毛膏、夹睫毛：涂睫毛膏先要上下涂，然后是“之”字形涂，让睫毛看起来更长、更浓。夹睫毛的顺序是先根部，后中部，最后夹睫毛尖。

（6）画眉：眉头要淡，眉坡要深，眉峰要高，眉尾要清晰。

（7）打腮红：可选择粉色和橘色的腮红，粉色显得可爱甜美，橘色显得成熟妩媚。

（8）唇彩：唇彩的颜色要与自己的衣服及整个妆面相配，亮色的唇色效果一定要用唇冻刷上去。

二、彩妆的一般程序

（1）底妆。完美的妆容最关键的是底妆。在时间允许的情况下，可先敷保湿面膜令皮肤更晶莹亮泽，选择跟肤色同色号的粉底液，再利用粉刷在脸上均匀刷上粉底液，来回轻扫，避免留下刷痕，就像是在脸上打上无数的小“×”的感觉，然后再用海绵块轻轻按压脸部，这样能使粉底分布得更均匀，也让整体妆效更加自然通透。

（2）定妆。先用干沾扑沾取适量的蜜粉对折揉匀，用手指弹去多余的粉末，均匀地按压在肌肤上，再用大号化妆刷刷去多余的粉末，千万不可遗忘眼角、鼻翼、嘴角这些油脂分泌旺盛区域。好的蜜粉不仅仅是起到一个定妆吸走油光的作用，更重要的是起到二次修饰作用。

（3）眼线。将镜子放在距身体20cm处，眼睛向下看，用无名指把眼皮轻轻向上拉。贴着睫毛根部，由眼尾向眼角分段描画。外眼角拉长，用眼线刷，从眼角至眼尾将眼线推匀，使线条自然清晰。

（4）眼影。用中型的眼影刷沾取白色或浅肤色高光，从内眼角向外眼角大面积扫满整个上眼皮，强调结构。用小型的眼影刷在眼线上处反复轻扫几次咖啡色，控制咖啡色的面积，只做小范围使用，这样可以使整个眼部看上去更立体。晕染时要注意层次的过渡，避免涂抹不匀造成污浊感。

（5）睫毛膏。睫毛膏是调整眼睛很重要的一个步骤，先用睫毛夹从睫毛根部到睫毛尖部夹紧睫毛，然后从眼睑内侧开始涂睫毛膏，这样的睫毛又自然又卷翘。以“之”字形的手法涂睫毛膏时，不能涂得太多，否则睫毛会因为太重而翘不起来了。

（6）下眼线。用眼线笔顺着睫毛根部，由眼尾向眼角分段描画，然后选择易上色的黑色眼线笔勾画眼尾处，强调眼睛的力度。在内眼睑上下眼线外2/3处，用小眼影刷轻轻晕开眼线，注意眼线的深浅层次。最后用白色眼影画在内眼睑和眼头处，这样眼睛的轮廓会变得更大、更明亮。

（7）腮红。在整个妆容里，眼影是视觉重心，所以腮红和唇色都要淡淡地处理。

（8）唇彩。选择淡淡的粉色亮片唇彩将双唇涂满即可。

【模拟演练】

（1）组织一次商务人员“仪容仪表”展示会，学生自己化妆，选择适合自己职业身份的服装。

（2）根据自己的发质、服装、身材、脸形等要素，为自己设计一个合适的发型。

实训三

【实训目标】

通过实训，熟悉服装与整体形象的关系，掌握男士领带的基本系法。

【实训要求】

准备男士西服、衬衫、领带、领带夹、皮鞋、女士套装等服饰，两个人一组进行着装练习。

【实训口号】

穿出品位来！

【实训内容】

一、男士西服

1. 西服的规范穿着要求

男性职业装的颜色最好是深蓝色、带条纹的或者是深灰色、浅灰色和黑色。款式没有什么太多的选择，越经典越好。西服要熨烫平整，西服口袋内应不装或少装东西，同时要注意纽扣的扣法。

2. 衬衫的规范穿着要求

正装衬衫与西服配套，应选择单色无任何图案为宜，白色最佳；穿着衬衫时衣扣要扣上，袖长要适度，袖口长于西服 1～3cm，下摆要掖入裤腰内，衬衫大小要合身。

3. 领带的规范佩戴

领带的颜色要注意与西服、衬衫的颜色搭配，尤其是应与衬衫统一色系，如暖色的衬衫配暖色的领带，冷色的衬衫配冷色的领带。衬衫上有条纹或格子，领带上就不要有条纹或格子，或仅有浅淡的条纹与格子。另外，选择丝质的领带。

注意领带的打法，打结要求挺括、端正，外观呈倒三角形，领带的长度以到皮带扣处为宜。一般来说，常见的领带打法有以下几种。

(1) 平结（四手结）。平结为男士选用最多的领结之一，是所有领结中最简单易学的，适用于各种款式的衬衫及各种材质的领带。

平结打法要诀：领结下方所形成的凹洞要两边均匀且对称。

(2) 交叉结。单色、素雅且材质较薄的领带适合选用交叉结。对于喜欢展现流行感的男士不妨多加使用“交叉结”。

(3) 双环结（亚伯特王子结）。双环结适用于浪漫扣领及尖领系列衬衫，搭配浪漫质料柔软的细款领带。一条质地细致的领带再搭配上双环结能够营造出时尚感，适合年轻的上班族选用。

双环结打法要诀：在宽边先预留较长的空间，并在绕第二圈时尽量贴合在一起，双环结完成的特点就是第一圈会稍露出第二圈，注意不要刻意将其盖住。

(4) 温莎结。温莎结适合于宽领型的衬衫，该领结应多往横向发展。该种领结应避免使用材质过厚的领带，领结也勿打得过大。

(5) 双交叉结（半温莎结）。双交叉结十分优雅及罕见，其打法也比较复杂，使用细款丝质领带较容易上手。此款领带结很容易给人留下高雅且隆重的感觉，最适合搭配浪漫的尖领及标准式领口系列衬衫，适合正式活动场合选用。

4. 领带的保养

(1) 使用领带过后，请立即解开领结，并轻轻从结口解下，因为用力拉扯表布及内衬，极易使纤维断裂，并造成永久性的褶皱。

(2) 解开结口后，请将领带对折平放或用领带架吊挂起来，并留意置放处是否平滑，以避免刮伤领带。

(3) 开车系上安全带时，勿将领带绑于安全带内，以避免产生褶皱。

(4) 同一条领带戴完一次，请隔几天再戴，并先将领带置于潮湿温暖的场所或喷少许水，使其褶皱处恢复原状后，再收至干燥处平放或吊挂。

(5) 领带沾染污垢时，请立即干洗。

(6) 处理结口皱纹，可用蒸汽爽斗低温烫平，水洗及高温熨烫容易造成变形而受损。

5. 鞋袜的规范穿着要求

与西服相配只能是皮鞋，并且最好为黑色的牛皮鞋。袜子应选纯棉或棉毛混纺的深色袜子。

二、女士套裙

1. 套裙的规范穿着要求

职业女性在选择套裙时最好选择比较保守、经典的款式，而不要过于时尚，重要的是面料要好、做工精细、剪裁合体。同时，套裙适当地搭配一些饰物，如丝巾、胸针、领花等也可以收到很好的效果。

2. 鞋袜的规范穿着要求

穿套裙一般搭配黑色的皮鞋或与套裙颜色相近的皮鞋为宜，不要有图案或装饰不宜过多。袜子以单色的肉色最佳，高筒袜和连裤袜为标准搭配。穿鞋袜应当注意大小适宜，完好无损，不可当众脱鞋，袜口不可暴露在外，丝袜要无褶皱，无脱丝。

【模拟演练】

(1) 根据所学内容并结合自身特点，如肤色、高矮、胖瘦、个人气质等为自己设计服装搭配。

(2) 假设你现在的身份为酒店餐厅服务员、旅行社的接待员、商场的服务员，请分别选择恰当合适的服饰进行穿戴。

复习思考

1. 商务人员为什么应该具有优雅的举止？
2. 为他人指路时可以用一个手指示意吗？
3. 为什么在商务交往中不宜采用零称谓？
4. 什么是服饰的 TPO 原则？
5. 当遇见律师、医生、博士时，怎样称呼他们最好？
6. 如何做一个好的倾听者？
7. 在交谈中怎样才能做到意思表达明确？
8. 什么是社交中的人际距离？与人交往时为什么要注意采用恰当的人际距离？
9. 在工作岗位上，化妆应遵守哪些原则？
10. 在交谈中可以随意问他人的私人电话和家庭住址吗？
11. 如何有礼貌地加入他人的谈话？
12. 寒暄语的用途是什么？

第三章 商务人员基本礼仪

案例导入

十二次微笑

飞机起飞前，一位乘客请空姐给他倒一杯水吃药，空姐很有礼貌地说："先生，为了您的安全，请稍等片刻，等飞机进入平衡飞行后，我会立刻把水给您送过来，好吗？"

15分钟后，飞机早已进入平衡飞行状态。突然，乘客服务铃急促地响了起来，空姐猛然意识到：糟了，由于太忙，她忘记给那位乘客倒水了。当空姐来到客舱，看见按响服务铃的果然是刚才那位乘客，她小心翼翼地把水送到那位乘客眼前，微笑着说："先生，实在对不起，由于我的疏忽，延误了您吃药的时间，我感到非常抱歉。"这位乘客抬起左手，指着手表说道："怎么回事，有你这样服务的吗？你看看，都过了多久了？"空姐手里端着水，心里感到很委屈，但是，无论她怎么解释，这位挑剔的乘客都不肯原谅她的疏忽。

接下来的飞行中，为了弥补自己的过失，每次去客舱给乘客服务时，空姐都会特意走到那位乘客面前，面带微笑地询问他是否需要水或者别的什么帮助。然而，那位乘客余怒未消，摆出不合作的样子，并不理会空姐。

临到目的地前，那位乘客要求空姐把留言本给他送过去，很显然，他要投诉这名空姐。此时空姐心里很委屈，但是仍然非常有礼貌，而且面带微笑地说道："先生，请允许我再次向您表示真诚的歉意，无论您提出什么意见，我都会欣然接受您的批评！"那位乘客脸色一变，准备说什么，可是没有开口，他接过留言本，开始在本子上写了起来。

空姐本以为这下完了，没想到，等到飞机安全降落，所有的乘客陆续离开，她打开留言本后，却惊奇地发现，那位乘客在本子上写下的并不是投诉信，相反，这是一封热情洋溢的表扬信。

是什么使得这位挑剔的乘客最终放弃了投诉呢？在信中，空姐读到这样一句话：“在整个过程中，你表现出真诚的歉意，特别是你的十二次微笑深深打动了我，使我最终决定将投诉信写成表扬信！你的服务质量很好，下次如果有机会，我还将乘坐你们的这趟航班。”

评析

根据惯例，在对外的正式交往中，每个人都必须时时刻刻注意维护自己的形象，特别是给初次见面的人的第一形象。案例中这位空姐在与乘客交往中用自己充满感染力的微笑，真诚地表达歉意，用自己的专业仪态最终赢得了客户的谅解，也挽救了职场初次见面的误会和尴尬。

仪态，又称“体态”，是指一个人的身体姿态和风度。姿态是指一个人的身体所显现出来的样子，如站立、行走、弓身、就座等。而所谓风度，则是指一个人内在气质的外在表现。人的内在气质包括许多内容，如道德品质、学识修养、社会阅历、专业素质与才干、个人情趣与爱好、专长等。它主要是通过人的言谈举止、动作表情、站姿、坐姿、行姿、眼神、服饰装扮等来体现的。

仪态属于人的行为美学范畴。在人际沟通与交往过程中，它用一种无声的体态语言向人们展示出一个人的道德品质、礼貌修养、人文学识、文化品位等方面的素质与能力。

第一节 见面礼节

见面礼节，亦称致意礼节，指的是人与人在见面之际所应遵守的主要礼节，表现为问候、称呼、握手、介绍以及交换名片等诸多行为。

在社交场合，当人们接到亲切的致意，听到恰当的称呼，能从心里产生亲近感，人与人之间的交际就会顺利、愉快。

一 问候

问候又叫作问好或者打招呼，主要用于向他人询问安好、表示关切或者致以敬意。最普遍的招呼是说一声：“您好！”在迎送客人时，招手致意的问候也较为多见。

（一）问候的内容

人们在问候他人时所使用的具体内容多有不同。通常，问候语的具体内容具有明显的地域性特征。在一般情况下，问候语大致可以分为三类。

1. 问好型

即见面时直接问候交往对象："您好""早上好""下午好"或者"大家好"。这种问候语言简意赅，直截了当，既不失礼貌，又可避免东拉西扯。问好型的问候语一般在一天中首次见面或一次活动中初遇时使用，它最为正式，适用范围也最广。

2. 寒暄型

即人们在平日问候他人时所讲的一些应酬话，诸如"吃了没有""上哪里去""忙什么呢"。对于这类问候语，一般没有必要予以实质性的答复。它多适用于熟人之间，在跨文化交际时要慎用。

3. 交谈型

即人们在问候他人时直接从一个话题开始，在问候对方的同时希望就此交谈下去，多适用于公务场合。

（二）问候的顺序

问候有一个约定俗成的习惯：男性先向女性打招呼；年轻的先向年长的打招呼；下级先向上级打招呼；年轻女性先向比自己年纪大得多的男性打招呼。当然，若你比对方年长，你乐意主动与年轻人打招呼也无不可。常见的问候顺序如下所述。

1. 两人见面

两个人见面时，双方均应主动问候对方，而不必非要等待对方首先开口不可。不过，在正常情况下，标准的做法是所谓"位低者先行"，即双方之中处于地位较低的一方，应当自觉地首先问候地位较高的一方。

2. 一人与多人见面

当一个人与多人见面时，问候的顺序要遵照"先长后幼，先女后男，先疏后亲"的原则。具体操作时有两种方法可循：一是由尊而卑，依次一一问候对方；二是统一问候对方，而不必具体到每个人，例如，"各位好""同学们好"。在人多拥挤的地方打招呼，最好是笑一笑或招手致意。

3. 两对夫妇见面

两对夫妇见面时，女性先互相问候，然后男性分别向对方的妻子问候，最后男性互相问候。

（三）问候的态度

人们往往讲究对交往对象"听其言，观其行"。在问候他人时，一定要力求态度热情而友好，切勿显得傲慢冷漠，敷衍了事。

在问候他人时，要使自己的态度热情而友好，关键是使自己的表情与举止能够同问候语的具体使用彼此协调、相互配合。在问候他人时，必须做到"三到"，即话到、眼到、心到。唯有如此，才会使自己的问候显得真心实意。

（四）问候的注意事项

（1）有人向自己致意时，必须还礼答谢。

（2）在公共场所大声地呼名唤姓是一种粗俗的表现。

（3）招手时一般应空手且左右摆动。送行时，当被送者渐渐远去，可挥动帽子、纱巾等物。

（4）在公共场合遇到相识的人，若双方相距较远，一般是举右手打招呼并点头致意。男子戴帽

可施脱帽礼，即两人相遇可摘帽点头致意，离别时再戴上帽子。

（5）与人打招呼时，忌叼着烟卷或把手插在衣袋里。女性在各种商务场合均应主动微笑点头致意，以示亲和。

（6）日常生活中，与熟悉的外国人见面，应互致问候，酌情寒暄；参加外国人举行的活动，到达和离开时均应主动与主人打招呼；在外交场合遇到熟悉的外国朋友，一般不要匆忙前去打招呼，待对方主动表示后再做相应表示。

二 握手

握手是人们在日常的社会交往中常见的礼节，是沟通思想、交流感情、增进友谊的重要方式，是现代交际和应酬的礼仪之一。握手既可以作为见面、告辞、和解时的礼节，也可以作为一种祝贺、感谢或相互鼓励的表示，如对方取得某些成绩与进步时，赠送礼品、发放奖品奖状、发表祝词后，均可以握手来表示祝贺、感谢、鼓励等。

小贴士

下面的情况不宜握手：

（1）对方手部有伤；

（2）对方手里拿着较重的东西；

（3）对方忙着做别的事，如打电话、用餐、主持会议、与他人交谈等；

（4）对方与自己距离较远；

（5）所处的环境不适合握手。

（一）握手的正确方式

1. 起身站立

在他人面前起身站立，含有对对方的恭敬之意。因此，在与别人握手时，均应起身站立，上身稍前倾，两足立正，以示尊重。只有女士在社交场合才可以有所例外，用微笑点头的方式表示。

2. 使用右手

右手四指并齐、拇指张开向受礼者伸出，在齐腰的高度与对方恰到好处地认真一握，礼毕即松开。用左手与别人握手，一般被认为是不礼貌的，只有在特殊情况下才允许那样做。

3. 手位正确

同别人握手时，手位应当力求正确无误。标准的做法是：握手的双方相互握住对方右手除拇指之外的其他四个手指。仅仅握住对方手指的指尖，或者握住对方的整个手掌，或者握对方的手腕，都是失当的。

4. 时间恰当

握手的具体时间既不宜过短，也不宜过长。握手的时间太短，近似敷衍对方；握手的时间过长，则会显得热情过度。在正常情况下，与他人握手的时间以 3 秒钟左右为宜，切不可久握不放。

5. 力量适度

握手所用的力量过轻，会令人觉得缺乏热忱；过重，则有挑衅之嫌。

6. 神态友好

与别人握手时，两眼凝视对方，面带微笑，可表达出你的温和友善。

7. 稍做寒暄

与别人握手时，总要同时与对方交谈片刻，要么是问候对方，要么是叙叙家常。如果始终一言不发，便会导致冷场。

（二）握手的顺序

两个陌生人被介绍认识时，需要不需要握手，由那位在介绍中占优先地位的人来决定，即“尊者在前”，遵照“先高后低，先长后幼，先主后宾，先女后男”的原则。双方握手时，应由地位较高者先伸出手，地位较低者若先伸出手，则是失礼的表现。具体而言，长辈与晚辈握手时，应由长辈先伸手；老师与学生握手时，应由老师先伸手；女士与男士握手时，应由女士先伸手；已婚者与未婚者握手时，应由已婚者先伸手；职务高者与职务低者握手时，应由职务高者先伸手。

当客人与主人握手时，情况则较为特殊。客人抵达时，应由主人先伸手；而当客人告辞时，则应由客人先伸手。前者是主人为了体现自己对客人的欢迎之意，后者则是客人为了请主人就此留步。

如果一个人需要与数人一一握手，其合乎礼仪的顺序有二：一是由尊而卑依次进行，适用于握手对象地位尊卑较为明显之时；二是由近而远依次进行，适用于握手对象地位的尊卑不甚明显或者难以区分之时。

提　示

握手时最重要的是要知道应当由谁先伸出手来。

（三）握手的注意事项

1. 不宜戴着手套

只有女士在社交活动中才可以戴着薄纱手套与别人握手。

2. 不宜戴着墨镜

戴着墨镜与别人打交道，通常被视为暗含“拉开距离”之意。唯有眼部患病或存在缺陷者，才可以那么做。

3. 不宜以手插兜

与别人握手时，另外一只手不仅应当空着，而且应当在身体的一侧自然垂放。要是一手插入衣兜之内与人握手，容易给人造成过分随便的印象。

4. 不宜掌心向下

伸出手与人相握时，假如掌心向下，通常会给人以居高临下之感；如果掌心向上，表示待人谦恭；如果掌心垂直于地面，则表示待人平等。

5. 不宜滥用双手

只有在与亲朋故旧相见时，方可以双手与对方相握。与初识者握手时，尤其当对方为异性时，以双手与其相握是不合适的。

6. 不宜跨着门槛

在握手时，双方不要一边握手一边走动，尤其是不要跨着门槛、一脚门内一脚门外地与别人握手。

7. 与女士握手时男士不宜先伸手

男士与女士握手，应等女士先伸出手，男士只要轻轻一握即可。如果女士不愿握手，男士也可微微欠身问好或用点头、说客气话等代替握手。

与女士握手，一般只握其手指部分，约为手掌的1/3。握手力度要轻一些，时间要短一些。但是，如果用力过小，对方就会认为你拘谨或虚伪敷衍。因此，握手必须因时间、地点和对象不同而区别对待。

8. 与多人握手时不要交叉

客人多时，握手不要与人交叉，让别人握完后再握。

握手起源于中世纪。武装战士化敌为友，扔掉棍棒武器，用主要用力的手拉对方的手，表示哪一方都不打算再使用武器。

三 鞠躬礼

鞠躬礼是人们在生活中用来表示对别人的恭敬而普遍使用的一种礼节，既适用于庄严肃穆或喜庆欢乐的仪式，又适用于一般的社交场合。东方人多行鞠躬礼。

（一）鞠躬礼的姿态

鞠躬礼的正确姿态：和颜悦色，戴帽者应先以右手将帽脱下，上身向下倾斜，眼睛注视受礼者，待受礼者答礼后，再恢复立正姿势。

鞠躬礼分两种：一种是三鞠躬，也称最敬礼。鞠躬前，应脱帽（或摘下围巾），身体立正，目光平视。鞠躬时，身体上部向前下弯90°，然后即恢复立正姿势，如此连续三次。另一种是一鞠躬。行礼时，身体上部向前倾斜15°，随即恢复立正姿势，只做一次，受礼者应随即鞠躬还礼。但长辈对晚辈、上级对下级不鞠躬，欠身点头还礼即可。晚辈对长辈、学生对老师、下级对上级或同事之间以及演讲者、表演者对听众、观众等，都可以行一鞠躬。

（二）行鞠躬礼的注意事项

在公务活动或日常生活中，无论是各级官员、各种工作人员之间，还是亲朋好友、街坊邻里之间，总要频行鞠躬礼。即使打电话道别时，彼此也往往要鞠躬以示敬意。行鞠躬礼应注意如下几点：

（1）见长者时。在离长者三步远时，行一鞠躬礼。

（2）与日本人见面时。日本人见面一般喜欢行鞠躬礼而不握手，鞠躬的深度表示对被问候人的尊敬程度。毕恭毕敬地鞠躬已成为日本人的礼仪习惯。他们的鞠躬可分为30°、45°和90°三种，面对不同的敬礼对象行不同类型的鞠躬礼。一般来说，日本人见面行30°鞠躬礼为见面礼，离别时行45°鞠躬礼为告别礼。日本人行鞠躬礼的姿势为：双腿并拢，双手放在膝盖前面。

（3）与外国人行鞠躬礼，礼毕后应即寒暄："您好!"

四 介绍

介绍是社交场合中相互了解的基本方式。在社交场合中，无论你是介绍人还是被介绍人，能够正确运用介绍的礼节，都会使对方对你产生良好的第一印象。

（一）自我介绍

自我介绍是在没有中介人的情况下，自己把自己介绍给其他人，以便对方认识自己。它是树立个人形象的一种重要方法与手段，也是社会交往的一把钥匙。

1. 基本做法

自我介绍时，本人要镇定，充满信心，微笑要亲切自然，眼神要友善坚定，先向对方点头致意，得到回应后，再向对方介绍自己的姓名、身份、单位，并可随之递上名片。自我介绍要根据交往目的来决定介绍内容的繁简以及介绍语言和方法。在聚会、宴请等社交活动中，你想多结识朋友，扩大社交圈子，最好的办法是做自我介绍。这样的介绍内容可以简单些，如找到合适的机会，向对方点头致意，并介绍自己说："我叫××，认识您很高兴。"需要的话可以补充一句供职单位，效果也很好。在不了解对方是否愿意认识你时，你不妨先请问对方尊姓大名，如对方立即回答了，说明愿意与你交往。此时，你便马上介绍自己，以使交往顺利进行下去。

总之，自我介绍是跨入社交圈、扩大工作面、结交更多朋友的好方法。在商务活动中，自我介绍也可以名片、介绍信、工作证等作为辅助手段，增强对方对自己的信任程度。

2. 注意事项

（1）掌握时机。向别人介绍自己，总要在有必要之时，否则便会劳而无功。不仅如此，介绍自己还应选择适当的时机。一般来讲，干扰较少时，对方有兴趣时，初次见面时，都适合于进行自我介绍。

（2）简明扼要。介绍自己必须以简短为佳，避免夸夸其谈。

（3）内容有别。介绍自己时，应当根据具体的情况在内容上有所区别。就具体内容而论，有三种介绍自己的形式：一是应酬式，即只介绍自己的姓名；二是交流式，即除了介绍自己的姓名之外，还须同时介绍自己所在的具体单位、所担负的具体职务或者所学习的具体专业，其目的是使他人对自己的基本情况有所了解；三是答问式，即根据交往对象所提出来的具体问题来选择自我介绍的基本内容，有问有答，答其所问。

上述三种自我介绍的形式各有其适用的场合：应酬式自我介绍适用于面对泛泛之交；交流式自我介绍适用于面对意欲结交之人；答问式自我介绍则主要适用于在自我介绍时兼以答复他人的询问。

（二）居中介绍

居中介绍，又叫作第三者介绍或替他人做介绍。它是指由介绍者作为第三者来为不相识的双方

相互进行介绍。居中介绍架起了陌生人间相互了解的桥梁。

1. 基本做法

居中介绍，要先了解双方是否有结识的愿望，不要贸然行事。最客气的介绍方法是以询问的口气问："张先生，我可以介绍李先生与您认识吗?"或"您想认识××公司的李先生吗?"如对方同意，再正式介绍。介绍时应本着"尊者优先了解情况"的规则进行。

"尊者优先了解情况"的规则

在为他人介绍前，先要确定双方地位的尊卑，然后先介绍位卑者，后介绍位尊者。这样可使位尊者先了解位卑者的情况。

2. 注意事项

(1) 了解介绍者。在一般情况下，为他人介绍时，介绍者应由下列身份者担任：

①与被介绍双方相识者；

②社交聚会中的主人；

③商务往来之中的专职接待人员；

④在场之人中地位最高者；

⑤应被介绍人一方或双方要求者。

(2) 掌握介绍顺序。为他人介绍时，介绍顺序是：先把年纪轻的介绍给年长的；先把职位低的介绍给职位高的；先把宾客介绍给主人；先把男士介绍给女士。在双方的地位和年龄差不多时，应该先把与自己关系疏的介绍给关系密的。

(3) 注意介绍方式。常用的介绍方式有四种：

①简介式。即只提及双方的姓名或者姓氏，其他内容则留待被介绍者自己接下来见机行事。

②标准式。即将双方的单位、职务、专业与姓名一并道来，它适用于正式场合。

③引见式。即当一方认识另一方，而不为对方所认识时，由介绍者将前者引荐给后者。至于后者的情况，则可以略表不谈。

④强调式。即为了加深被介绍者双方之间的相互印象，而对其中的一方或者双方的某一方面的情况加以特别的介绍。

在非正式场合所做的介绍不必过分讲究正式介绍的规则，如果大家都是年轻人，就更可以轻松、随便一些。如介绍人可先说"让我来介绍一下"，然后就做简单的介绍。也不必遵循先介绍谁、后介绍谁的次序，最简单的介绍方式是直接报出被介绍者各自的姓名，当然也可加上"这位是""这就是"之类的话以加强语气。采用这种较为随便、朋友式的介绍方法，可使被介绍者感到自然、亲切。把一位朋友介绍给大家时，只要说一句"诸位，这位是×××"，就可以了。

(三) 集体介绍

集体介绍是为他人介绍的一种特殊情况。它指的是由介绍者为两个集体之间或者个人与集体之间所做的介绍。

1. 集体介绍的顺序

介绍集体时，依礼亦有顺序上的尊卑先后之别。在一般情况下，集体介绍同样应当遵守“尊者优先了解情况”的规则。比如，替两个团体进行介绍时，通常应当先介绍东道主一方，随后方可介绍来访者一方。至于具体介绍的内容则有两种：一是只做整体介绍。即只介绍双方集体的情况，而不具体涉及个人情况。二是介绍个人情况。在介绍集体时涉及个人情况，一般讲究“双方对等”，即在遵守“尊者优先了解情况”规则的同时，对双方的个人情况均应予以介绍，在具体介绍各方的个人情况时，则应当由尊而卑，依次进行。

2. 注意事项

在宴会、舞会或普通集会上，由于来宾较多，不必逐一进行介绍，主人只需介绍坐在自己旁边的客人相互认识即可，其余客人可自动和邻座聊天，不必等主人来介绍。

第二节 方位礼仪

方位礼仪的核心是位次，一般是指人们在交往中彼此之间各自所处位置的尊卑顺序。在正常情况下，位次的尊卑早已约定俗成，并广为人们所接受。讲究方位礼仪，可表现出对交往对象的敬重、友好。方位礼仪的具体做法，在不同情况下有所不同。

一 商务活动中的方位礼仪

（一）会客

安排会客时的位次可参考以下两种方式。

1. 相对式

双方就座时在室内分为左右两侧，面对面地就座。西方国家通常认为右为上，即进门之后，右侧一方为上座，应留给客人；左侧一方为下座，则留给主人。当宾主双方人员不止一人时，情况亦是如此。

2. 并列式

即宾主双方并排就座，以暗示双方之间“平起平坐”，地位相仿。它多适用于礼节性会客。

（1）宾主双方一同面门而坐。此刻还须讲究“以右为上”，即主人应请客人坐在本人的右侧。若双方人员不止一人，双方其他人员可分别在主人或主宾的一侧就座。

（2）宾主双方并排坐在室内的右侧或左侧。这时，通常讲究“以远为上”，即距门远处为上座，应让给客人；距门近处为下座，应留给主人。在安排座位时，一般长沙发留给客人，以单人沙发为下座。

（二）会谈

在商务会谈中，双方对自己的面子十分在意，因此，安排谈判者的座次是一件礼仪性很强的大事。双边谈判的座次安排应注意下列事项：

（1）双边谈判时，应使用长桌或椭圆桌，通常宾主分坐桌子的两边。

（2）谈判桌横放于谈判厅内，则正对门的一侧为上座，归客方坐；背对门的一侧是下座，由主方坐。

（3）谈判桌竖放于谈判厅内，则以进门时右侧为上座，归客方坐；进门时左侧为下座，归主方坐。

（4）在进行谈判时，各方主谈人员应在自己一方居中而坐。

（5）其他人员则应遵循右高左低的原则，依照职位的高低自近而远地分别在主谈人员的两侧就座。

（6）假如需要译员，应安排其就座于仅次主谈人员的位置，即主谈人员之右。

（三）会议

会议有大型与小型之分。大型会议与小型会议在安排位次时，具体做法各有不同。

1. 大型会议的位次安排

大型会议是指千百人以上，多到上万人、几十万人参加的会议。会议的位次要求分为主席台与群众席。

主席台成员的排位，主要应当遵守三条规则：一是中央高于两侧；二是左侧高于右侧；三是前排高于后排。主持人的位子可在前排正中，也可居于前排最右侧。发言席一般可设在主席台正中或者其右前方。

小贴士

主席台位次排列一般讲究居中为上，以右为上，前排为上。

群众席的排位方式主要有两种：一是自由式，即与会者自行择座，不做统一安排；二是按与会单位名称的汉字笔画的顺序或汉语拼音字母的顺序排位，或由前而后竖排，或自左向右横排。选择其中任何一种均可，两种方法亦可交叉使用。

2. 小型会议的位次安排

举行小型会议时位次排列需要注意以下三点：

第一，讲究面门为上，面对房间正门的位置一般被视为上座。

第二，讲究以右为上，坐在右侧的人为地位高者。在国内的政务交往中采用我国传统做法，以左为尊，而国际惯例则以右为尊，商务礼仪遵守的是国际惯例。

第三，小型会议也强调自由择座，例如，主席可以选择坐在右侧或者面门而坐，也可以坐在前排中央的位置，强调居中为上。

小贴士

小型会议的位次安排三注意：

（1）面门为上；

（2）居右（进门方向）为上；

（3）自由择座。

（四）签字仪式

签字时各方代表的座次，是由主方代为先期排定的。规范做法是：签字桌面门横放，双方人员并排，双方签字人员居中面门而坐，主方居左，客方居右。在签署双边性合同时，应请客方签字人在签字桌右侧就座，主方签字人则应同时就座于签字桌左侧。双方各自的助签人，应分别站立于各自一方签字人的外侧，以便随时为签字人提供帮助。

小贴士

（1）双边签字仪式的位次安排三要求：

①签字桌横放；

②双方签字人面门而坐，主左客右；

③双边仪式参加者列队站于签字人之后，中央高于两侧，右侧高于左侧。

（2）多边签字仪式的位次安排三要求：

①签字桌横放；

②签字座席面门而坐，仅为一张；

③签字人按一定顺序依次上前签字。

（五）合影

在正式场合需要合影留念时，参加人员通常应当根据一定的序列来排位。应当说明的是，合影排位时有内外之别。在国内活动中进行合影排位时，一般讲究的是居中为上、居左为上、居前为上。在涉外活动中进行合影排位时，通常应遵守国际惯例，使主人居中，主宾居于其右侧，即讲究以右为上，同时两侧还应由主方人员位于最外侧。不管采用哪种方法为合影排位，都首先要方便拍摄，同时还要兼顾场地大小、人员多少、单数或双数、身材高矮等。

（六）宴会

在正式的商务宴请中，位次的排列往往比菜肴的选择更受人关注。宴会的位次排列涉及两个问题：其一，桌次，即不同餐桌数目的安排；其二，位次，即每张餐桌具体的上下尊卑位次。

1. 桌次

在正式宴会上，进餐者往往不止一桌。当出现两张以上的餐桌时，就出现了桌次排列问题。桌次排列的基本要求有三：第一，居中为上；第二，以右为上；第三，以远为上，即离房间正门越远，位置越高。

2. 位次

餐桌上具体位置的排列需要抓住以下两个关键点：第一，面门居中者为上，坐在房间正门中央位置的人一般是主人，称为主位；第二，主人右侧的位置是主宾位。

（七）旗帜的位次排列

在重要的场合尤其是在涉外交往中，旗帜的悬挂特别是国旗的悬挂往往备受重视。旗帜悬挂，主要分为国旗与其他旗帜同时悬挂及中国国旗与其他国家国旗同时悬挂两种情况。

1. 国旗与其他旗帜同时悬挂

当国旗与其他旗帜同时悬挂时，按照《中华人民共和国国旗法》的有关规定，国旗代表国家，所以必须居于尊贵位置。所谓尊贵位置是指：第一，居前为上，当国旗跟其他旗帜有前有后时，国旗居前；第二，以右为上，当国旗与其他旗帜分左右排列时，国旗居右；第三，居中为上，当国旗与其他旗帜有中间与两侧之分时，中央高于两侧；第四，以大为上，当国旗与其他旗帜有大小之别时，国旗不能小于其他旗帜；第五，以高为上，当国旗升挂位置与其他旗帜升挂位置有高低之分时，国旗为高。

小贴士

国旗与其他旗帜同时使用的礼仪：

（1）国旗居中；

（2）国旗居右；

（3）国旗居前；

（4）国旗为高；

（5）国旗为大。

2. 中国国旗与其他国家国旗同时悬挂

在国际商务交往中，会出现中国旗帜和其他国家旗帜同时悬挂的情况，这时应分别对待。如果活动以我方为主，即我方扮演主人的角色时，以右为上，客人应该受到尊重，因此，其他国家的国旗应挂于上位；如果活动以外方为主，即由外方扮演主人的角色，中国国旗应该处于尊贵位置。

二 行进中的位次礼节

所谓行进中的位次礼节，指的是人们在步行的时候位次排列的顺序要求。在陪同、接待来宾或领导时，行进的位次需要重点关注。

（一）常规做法

常规做法分两种情况：当与客人并排行进时，要求是中央高于两侧，内侧高于外侧，一般要让客人走在中央或者走在内侧；当与客人单行行进时，即一条线行进时，标准的做法是前方高于后方，以前方为上，如果没有特殊情况，应该让客人在前面行进。

注意：并行时，中央高于两侧，内侧高于外侧。单行行进时，前方高于后方。

（二）上下楼梯

上下楼梯时位次排列要注意两点：

首先，要单行行进。上下楼梯时，因为楼道比较狭窄，并排行走会阻塞交通，是没有教养的表现，所以，若没有特殊原因，应靠右侧单行行进。

其次，单行行进时要注意以前方为上。一般情况下，应该让客人走在前面，把选择前进方向的权利让给客人。不过需要强调的是，如果陪同接待的客人是一位女士，而女士又身着短裙，在这一情况下，接待陪同人员要走在女士前面，不要让女士先上楼梯，因为女士穿着短裙先上楼梯有可能会出现“走光”的问题，这是不允许的。

（三）出入电梯

目前，很多大公司的办公楼中有升降式电梯，它们一般无人值守。出入无人值守的电梯时，标准化的做法应该是陪同者先进后出，而被陪同者一般要后进先出。因为电梯门口的按钮是升降钮，而电梯里的按钮则是开关钮，陪同者先进后出，就是为了控制开关钮，不使它夹挤客人。

（四）出入房门

没有特殊原因，出入房门的标准做法是位高者先进或先出房门。但是如果有特殊情况，比如，需要引导，室内灯光昏暗，男士和女士两人单独出入房门，那么标准的做法是陪同接待人员要先进去，为客人开灯开门，出的时候也是陪同接待人员先出去，为客人拉门导引。

三 乘车的位次礼节

乘车的座位次序也分尊卑。

乘坐轿车存在上下车的问题，一般情况下让客人先上车、后下车。当然，如果很多人坐在一辆车上，那么谁最方便下车谁就先下车。轿车里的位次，大体上有三种情况，不同情况有不同的讲究。

（一）公务

第一种情况称为公务交往。参与活动的车辆归属于单位，驾驶司机一般是专职司机。就双排座轿车而论，公务接待时轿车的上座指的是后排右座，也就是司机对角线位置，因为后排比前排安全，右侧比左侧上下车方便。公务接待时，副驾驶座一般叫随员座，由秘书、翻译、保镖、警卫、办公室主任或者导引方向者坐。

（二）社交

第二种情况称为社交应酬。工作之余，三五好友外出吃饭娱乐，这时一般车辆的归属是个人的，开车的人是车主。车主开车时，上座是副驾驶座，表示平起平坐。在这一情况下让上宾坐后座是不礼貌的。

（三）重要客人

第三种是接待重要客人。接待高级领导、高级将领、重要企业家时人们会发现，轿车的上座往往是司机后面的座位，因为该位置隐秘性比较好，而且是车上安全系数较高的位置。

小贴士

乘坐轿车的位次排列：

（1）公务交往时，上座为后排右座；

（2）社交应酬中，上座为副驾驶座；

（3）接待重要客人时，上座为司机后面之座。

第三节 馈赠礼仪

馈赠即赠送礼品，是社会交往中人们表达敬重、友好之意的常用形式，是人们借物抒怀、表达情感、满足需求以及留作纪念之用的一种方式。其目的在于沟通感情和保持联系，从而体现馈赠者的人品和诚意。

馈赠的要领是：问→选→送。

一 选择礼品

在商务活动中，礼品往往必不可少。它既是一种纪念品，又是一种宣传品。选择礼品，关键要看对象、看关系、看场合、看目的。

（一）礼品要有特色

在选择礼品时要注重其特色，可从以下方面突出特色。

1. 宣传性

在商务交往中，首先要注意礼品的宣传性，即通过赠送礼品宣传企业形象，而并非贿赂、拉拢他人。

2. 纪念性

在商务交往中，所使用的礼品要能达到使对方记住自己，记住自己的单位、产品和服务的作用，使双方友善和睦地交往。总之，让对方记住自己是商务交往中礼品的主要功效之一。

3. 独创性

商务活动中向别人赠送具有独特性的礼品，不但可以反映出自己对对方的重视，而且可以令对方耳目一新，爱不释手，久久难忘。要注意的是，讲究礼品的独创性，并不意味着一定要去进行“高消费”。

4. 时尚性

在力所能及的条件下，送给他人的礼品还必须适当地兼顾时尚性，即可以酌情选择一些时下正在流行的物品作为礼品送人。有些时候，选择稍前卫一些的东西送给别人也是可以的。应当注意的是，将落伍之物充当礼品送给别人，往往会被视为以“处理品”搪塞对方，因而会被对方理解为应付或者轻视自己。

5. 针对性

有经验的人都懂得，为他人选择礼品，理当投其所好。为他人选择礼品时，要根据对对方的了解，慎重选择。例如，将一盘优质的西洋古典音乐的激光唱盘送给一位西洋古典音乐的爱好者，好比“雪中送炭”，必定会让对方欣喜若狂；但是若将它送给一名对西洋古典音乐一无所知的“音乐盲”，想要博得对方开心一笑恐怕也困难。

（二）不宜赠送的礼品

（1）不能送大额现金和有价证券，否则就有收买对方之嫌。与此同时还要注意，金银珠宝也不适合送与别人。

（2）粗制滥造的物品或过季的商品不能送，否则有愚弄对方、滥竽充数之嫌。

（3）不能送给对方药品或营养品，否则有暗示对方身体欠佳之意。

（4）有违社会公德和法律规章的礼品不能送，比如，涉及黄、赌、毒之类的物品。

（5）有违交往对象民族习俗、宗教信仰和生活习惯的物品不能送，否则有不尊重对方之嫌。

（6）带有明显广告标志和宣传用语的物品不能送，否则有利用对方为自己充当广告标志之嫌。

二　馈赠的技巧

在送礼活动中，常常遇到秘书要为上司策划送什么礼品给对方、以什么样的方式送等送礼的细节问题。一件精心挑选的礼品往往代表了送礼人的智慧、才干，也给接受者带来无比的愉悦。但一份不适当的礼物会适得其反，非但达不到送礼的目的，甚至会造成双方关系的不融洽。因此，送礼也是一门学问。

（一）明确目的

向他人赠送礼品并非无的放矢，自然具有一定的目的。

1. 向他人赠送礼品的正确目的

（1）用以向对方表示尊敬；

（2）用以向对方表示友好；

（3）用以向对方表示歉意；

（4）用以向对方表示感谢；

（5）用以向对方表示祝贺；

（6）用以向对方表示纪念。

2. 不正确的送礼目的

（1）指望摆阔炫耀；

（2）指望收买人心；

（3）指望贿赂对方。

（二）选准时机

赠送礼品，时间上应兼顾两点：一是具体时机。一般而论，赠送礼品的最佳时机是节假日，对方重要的纪念日、节庆日等。二是具体时间。一般而言，当我们作为客人拜访他人时，最好在双方见面之初向对方送上礼品，而当我们作为主人接待来访者之时，则应该在客人离去的前夜或者告别宴会上把礼品赠送给对方。

在商务交往中，常见的送礼时机有下述六种。

1. 适逢节庆

当交往对象有可喜可贺之事时，比如，我国传统节日春节、中秋、端午、重阳；西方的圣诞节、情人节、母亲节等；国际通行的妇女节、青年节、儿童节、教师节、护士节；升学、毕业、就业、晋级、乔迁、获奖、生日、结婚、生子等，都是送礼的最好时机，恰当的礼品能起到锦上添花的作用。

2. 酬谢他人

你在生活中遭遇困难或挫折时，亲朋好友对你伸出援助之手，事后应考虑送点礼物以表酬谢。

3. 拜访、做客

当你前去拜访或做客时，一方面是对打扰对方表示歉意或对接受对方款待表示感谢；另一方面是向对方表示自己的问候，往往也要带上一份礼物登门。特别是初次前往他人家中拜访，且对方是自己尊敬的师长时，更应为对方准备礼物。初次应邀去外国人家里做客时，也应带上礼物。

4. 进行慰问

当自己的至交挚友遭遇挫折或不幸，你可在探访对方之际，向其赠送含有慰问、安抚之意的礼品。

5. 还礼

“来而不往非礼也”，这是中国的传统。接受过对方的礼物，就等于欠着对方一个人情，因而须在对方送礼离开时回赠一份自己的礼物，或者事后在合适的场合向对方送上一份礼品。

6. 收请柬必送礼

收到活动请柬是一种殊荣，说明主人对你重视，因此，出席时应备礼物表示祝贺。

（三）重视方式

在目前情况下，常规的送礼方式主要有下述三种。

1. 亲自赠送

向他人亲自赠送礼品，不仅最为普遍，而且易于产生较好的反响。如果有必要，礼品可以提前送达受礼人的手中。

2. 托人转送

若自己不能向受赠对象面交礼品，可委托双方或其中一方的熟人将礼品转送给对方。

3. 付费代送

必要时，可以通过付费的方式，委托邮局、快递公司、礼仪公司代送礼品。

三 受礼与回赠

赠礼往往是一种双向的行为，即不单自己时常需要向他人赠送礼品，时常也会接受他人所赠送的礼品，因而必须掌握一定的受礼和回赠的礼仪。

（一）受礼

1. 一般做法

接受礼物时应正视对方，双手捧接，口头致谢，表情欣喜。接过礼物后一般不应打开欣赏，尤其是包装好的礼品，不能随手乱放。

2．涉外做法

在涉外交往中接受外国友人赠送的礼品时，大致上有如下四个方面的问题需要注意：

（1）要欣然接受。当外国友人向自己赠送礼品时，一般应当大大方方、高高兴兴地接受。没有必要跟对方推来推去，过分地客套。在接受礼品时，应当起身站立，面带笑容，用双手接过礼品，然后与对方握手，并且郑重其事地向对方道谢。

（2）要启封赞美。在国际社会，特别是在许多西方国家，受礼人在接受礼品时习惯于当着送礼人的面立即拆启礼品的包装，然后认真地对礼品进行欣赏，并且对礼品适当地赞美几句。

（3）要拒绝有方。一般而言，外国人赠送的以下五类物品不宜接受：

①违法、违禁物品；

②有辱我方国格、人格的物品；

③可能会使双方产生误会的物品；

④价格过分昂贵的物品；

⑤一定数额的现金、有价证券等。

如果不能接受外方赠送的礼品，应当立即向对方说明原因，并且将礼品当场退还。若对方并无恶意，在退还或拒绝礼品时，还须向对方表示感谢。若送礼人不怀好意（如带有性暗示、隐含附加条件），则只需告诉他礼品不合适。

（4）要事后再谢。接受外方人员赠送的礼品后，尤其接受了对方赠送的较为贵重的礼品后，最好在一周之内写信或打电话给送礼人，向对方正式致谢。

小贴士

接受外国友人赠送的礼品时的注意事项：

（1）态度大方；

（2）拆启包装；

（3）欣赏礼品；

（4）表示谢意。

（二）回赠

收礼应回礼，即“礼尚往来”。回赠的时间可以选在客人离开时、隔一段时间登门回访时或以后喜庆的日子。

回赠的礼品切忌重复，一般讲究价值相当，也可以根据自己的情况而定，但也不必每礼必回。

（三）拒绝

在商务交往中，有时万不得已必须拒绝别人的礼品。当拒绝别人的礼品时，商务礼仪要求人们兼顾以下三点：

（1）说明拒绝的原因，比如，身份不允许、单位规定不允许等，不分青红皂白一概拒绝是不妥的。

（2）要表达谢意，即便是拒绝了对方的礼品，也要感谢对方的好意。

（3）拒绝时态度要友善，无论如何不能对对方加以谴责、质疑、质问或者谩骂。

小测试

送礼小测验

你能指出下面的这些礼物会被哪些国家的客人认为不妥吗？请连线，并解释一下为什么不妥。

A. 座钟	1. 英国
B. 白色百合花	2. 法国
C. 四件套的瓷器	3. 中国
D. 印有猫头鹰的手工织品	4. 日本
E. 苏格兰威士忌	5. 意大利
F. 刀子	6. 沙特阿拉伯
G. 印有醒目标志的物品	7. 瑞士

答案

（1）B. 它们用于葬礼。

（2）G. 它被当作在做广告，品位不佳，也不个性化。

（3）A. 因“送钟”与“送终”谐音，故钟是坏运气和死亡的象征。

（4）C. 日本人将数字“4”与死联系在一起，所以送四件东西是不礼貌的。

（5）F. 它象征切断关系。

（6）E. 违反禁酒法规。

（7）D. 瑞士人忌讳猫头鹰图案，认为它是死人的象征。

本章小结

商务人员在日常的交往活动中，同社会的各界人士有着广泛的联系，见面时要施以恰当的礼节，这已成为一种共识。见面礼节所包括的内容主要有问候、握手、介绍、使用名片。见面时向对方问候、致意并表示友好，不仅可塑造自身形象，而且为今后的交往创造了良好的开端。

在商务活动中，方位礼仪越来越受到人们的重视。讲究方位礼仪既反映了商务人员自身的素养、阅历和见识，又反映了对交往对象的尊重和友善的程度，因此，每位商务人员在正式交往中，尤其是在一些较为隆重而热烈的场合，对位次的问题必须认真对待。

馈赠是人们以物的形式向交往对象表示祝贺、感激、慰问、惜别之情，是一种正常的人际交往，它同行贿受贿有着本质的区别。因此，在馈赠时应遵循有关礼仪：明确馈赠的目的、注意礼品的选择、确定馈赠的时机、讲究馈赠的礼节。只有这样，才能收到馈赠的预期效果。

实训任务

实训四

【实训目标】

通过实训，熟悉日常交往礼节中见面称呼、握手、鞠躬以及相互介绍和递物接物的基本知识。

【实训要求】

3～5 人为一个小组，每组设计一个见面场景，将称呼、介绍、握手等见面礼、问候等交际礼仪，连贯地演示下来。其他学生对各组的表演进行点评，最后由教师总结。

【实训口号】

礼貌是人际交往中最好的介绍信！

【实训内容】

（1）收集相关教学录像让学生观看，以掌握正确的日常交往礼节。

（2）在训练中，采用教师边讲解要求边示范，然后学生实践，教师纠错，学生再巩固的方式练习。

（3）在鞠躬礼的训练中，可采取分组向老师施礼或两人一组相互施礼的形式进行，并互相点、纠正，达到规范的要求。

（4）两人一组，进行握手礼的练习，然后再分别和同组的同学握手，注意时间、仪态及语言。

（5）在进行介绍时，让每个学生组织一段自我介绍，以克服紧张情绪，锻炼他们的胆量。

（6）在介绍礼仪中，设计多个情景、角色，分角色扮演人物，完成介绍、握手、递名片等训练，并及时指导。

（7）采用分组练习、观摩的方法，既体验尝试又学习经验，发现问题，提高日常交往礼仪的可操作性。

（8）学生自由组合，自己编排，以小品形式将几种日常交往礼节综合起来运用，以表演的形式加深印象。

（9）实训检测。

【模拟演练】

2022 年 6 月 3 日上午 8：30，××职业技术学院工商管理系举行专业建设研讨会。会议邀请了东方大学的管理系主任、著名教授章钊先生，西京大学管理系副教授李清女士，本市中央商场总经理胡明先生及明珠集团销售公司副总经理陈红小姐。整个接待工作由管理系办公室主任徐峰老师担任。

模拟由徐峰老师介绍，章钊、李清、胡明及陈红之间会面的场景。

实训五

【实训目标】

通过实训，掌握各种位次礼仪，培养良好的个人职业形象。

【实训要求】

5～6 人一组，进行行进中的礼仪、电梯礼仪及座次礼仪的训练；

采用分阶段、分层次训练，根据学生掌握的具体情况，提出相应的要求。

【实训口号】

主宾有序，安排合理！

【实训内容】

一、行进位次礼仪训练

（1）走廊里的引导方法：接待人员应走在客人左前方的 2～3 步处，让客人走在内侧，侧身注意客人，并与之保持一致步伐。

（2）走楼梯时的引导方法：上楼时，应让客人走在前面，接待人员走在后面；若下楼时，应由接待人员走在前面，客人在后面，上下楼梯时，接待人员应该注意客人的安全。

（3）乘电梯的引导方法：引导客人乘坐电梯时，接待人员先进入电梯，等客人进入后关闭电梯

门，到达时，接待人员按“开”的按钮，让客人先走出电梯。

（4）客厅里的引导方法：当客人走入客厅，接待人员用手指示，请客人坐下，看到客人坐下后，才能行点头礼后离开。如客人坐在了下座，应请客人改坐上座（一般靠近门的一方为下座）。

（5）引路注意事项：引路时要适当地给客人做些介绍。

（6）拐弯处的引导方法：拐弯或有楼梯台阶的地方要使用手势，并提醒客人“这边请”或“注意楼梯”等。

二、搭乘电梯礼仪训练

（1）有人驾驶的电梯后进后出。

（2）无人驾驶的电梯先进后出。

（3）出电梯时的注意事项：从电梯内出来的人和等候搭乘电梯的人均应沿着自己的右侧方向依次排队出入，保持出入畅通。

（4）在电梯内应注意以下问题。

①先上电梯的人应靠后面站立，以免妨碍他人乘电梯。

②电梯内不可大声喧哗或嬉戏吵闹。

③电梯内有很多人时，后进的人应面向电梯门站立。

三、汽车座次礼仪

（1）模拟乘汽车司机驾驶、主人驾驶时的场景，请学生来安排座次。

（2）开车门上车时的要求：上车时，后排客人先上车，前排客人后上车。下车时前排客人先下车，后排客人再下车。女士穿裙装登车时不要一只脚先踏入车内，也不要爬进车里，应先站在座位边上，把身体降低，让臀部坐到位子上，再将双腿一起收进车里，双膝一定要保持合并的姿势。

【模拟演练】

你打算在家中宴请7位客人：你的老师，你的部门经理（顶头上司），你的3位同事（其中一位与你的上司曾是中学同学），还有两位是你的朋友，他们与你的同学关系都不错。7人中最年长的是你的上司，其次是你的老师，其他人的年龄都比较接近。试排列一下就餐时的席位（圆桌），并说明理由（说明：都是同性）。

复习思考

1. 什么叫见面礼节？它的基本内容是什么？
2. 在不同的场合，正确问候的顺序是什么？
3. 与陌生人打交道，要想留给对方良好的第一印象，应注意哪方面的礼仪？
4. 在行鞠躬礼时，应注意哪些事项？
5. 握手时，伸手的顺序有哪些讲究？握手的禁忌有哪些？
6. 怎样运用介绍礼仪为他人介绍？
7. 递送名片的礼仪都有哪些内容？
8. 在商务会谈中，如何安排宾主的座位？
9. 商务活动中，悬挂国旗应注意什么问题？
10. 说说乘轿车时座位次序的安排。
11. 如何向别人赠送礼品？

第四章 商务活动礼仪

案例导入

在比利时某画廊发生了这样一件事情：美国画商看中了一位印度人带来的三幅画，总价为 250 美元。美国画商认为价格过高，而印度人执意不肯降价，双方的谈判陷入僵局。那位印度人被惹火了，怒气冲冲地跑出去，当着美国画商的面把其中一幅画烧了。美国画商见此惋惜不已，问剩下的那两幅画卖多少钱，印度人回答还是 250 美元，美国画商又拒绝了这个价。这位印度人横下一条心又将其中的一幅画烧了。美国画商急得乞求印度人千万不要再烧最后一幅画了。当美国画商再次询问这位印度人要卖多少钱时，印度人说道："最后一幅画能与三幅画卖一样的价钱吗？"最终，这位印度人手中的最后一幅画竟以 600 美元的价格拍板成交了。

评 析

这个案例说明，商务人员在进行洽谈时应当熟悉程序，学习洽谈策略和谈判的语言技巧。任何一方在洽谈中的成功，不仅要凭借实力，更要依靠对洽谈策略的灵活运用。

第一节 商务洽谈

商务洽谈也称商务谈判，是指人们为了满足各自的需要、协调彼此之间的利益关系，而在一定条件下通过协商对话达成交易的行为和过程。商务谈判是由谈判利益主体的需求引发的，谈判各方是既合作又竞争的关系。在商务谈判中，一方面，只有满足了对方的需求，才能满足自己的需求，因此，需要合作；另一方面，满足了对方的需求，又会反过来影响自己一方需求满足的程度，所以又免不了要竞争。因此，谈判各方在合作中有竞争，在竞争中有合作，竞争与合作的目的都是满足自己的利益需求。成功的谈判过程也是一个成功的沟通过程。

小贴士

商务洽谈，是交易双方在维护各自经济利益的前提下，进行双向沟通，经过协商达成交易的行为。它既是一门科学，又是一门艺术。

商务洽谈礼仪不是附着在商务洽谈之上的一种形式，而是商务洽谈本身的重要组成部分。在学习运用商务洽谈技术和技巧的同时，应注重洽谈礼仪，以促进洽谈成功。

一 商务洽谈的准备

洽谈者在谈判过程中能够滔滔不绝、有理有据，全凭洽谈前周密、艰苦的准备工作。洽谈之前，准备工作做得是否充分，对洽谈结果有着直接的影响。

（一）确定目标

商务洽谈的目标，是洽谈过程的核心和导向。

（1）洽谈目标一般由公司的决策层提出主导意向，再经各有关部门和业务专门人员进行可行性研究，反复推敲而成，最后报公司决策层审核通过。

（2）洽谈者在谈判过程中自主掌握具体目标，留有余地。

（二）选择人员

（1）根据对方的洽谈阵容，选出公司在洽谈时的主谈人。双方的主谈人应当在职务、身份上大体相当。

（2）考虑洽谈人员的知识结构、谈判经验、个人性格、应变能力等因素，组成合适的洽谈班子。

（3）确定参加洽谈人员的数量。人数在 5 人以下为宜。

（三）收集资料

（1）对方的基本情况，如该公司的发展历史、主导产品及市场信誉、产品性能和市场占有率、市场竞争情况、公司规模和管理能力、经营水平和财务实力等。

（2）谈判对手的基本情况，尤其是主谈人的资历、地位、风格、心理、习惯以及他个人对我公司的态度、业务往来史等。

（3）对方洽谈班子搭配。对这方面的内容，除了了解，还要进行一定的分析。

（4）对方的背景材料，如他们所在地的历史传统、民俗习惯、文化背景等。

（四）细节安排

（1）洽谈双方既已正式确定了洽谈的时间和地点，就不应随便变动。

（2）如对方有变动要求，应予考虑。

（3）注意诸如会场布置、交通、通信工具的落实。

（4）尽量让对方对食宿和洽谈以外活动等工作满意。

二 商务洽谈中的礼仪

（一）商务人员着装礼仪

最值得出席洽谈会的商界人士重视的就是服装。洽谈会关系大局，所以商界人士在这种场合理应穿着传统、简约、高雅、规范的正规服装。一般来说，男士应穿深色西装、白衬衫，打领带，配深色袜子和黑色系带皮鞋，不要穿夹克衫、牛仔裤、短袖衬衫、T恤衫或配旅游鞋、凉鞋。女士则须穿深色西装套裙和白衬衫，配肉色长筒或连裤式丝袜和黑色高跟或半高跟皮鞋，不要穿紧身装、透视装、低胸装、露背装、超短装，甚至浑身上下戴满各式首饰。如果你穿着不正式，会让人感觉你既不尊重自己，也不尊重别人，不重视洽谈，自以为了不起。除此之外还要注意整洁和卫生，这方面内容可参考后面相关章节。

谈判时还需要着重注意的是，穿着要与年龄、体形、职业和所处的场合（包括国家、地区、谈判场所与谈判议题等）相适宜，并注意服装的色彩及整体搭配要协调。例如，如果你去日本和韩国谈判时，最好穿得老成一点，因为这两个国家认为年轻的人没有经验和地位。

另外，还有如下细节需要引起注意：

（1）代表公司与客户进行商务洽谈，要注重出席洽谈场合的着装。最好穿黑色西装，深蓝色和铁灰色次之。

（2）西装应配白衬衫。场合越正规，衬衫的条纹应该越细。

（3）领带最好选用有规律排列的图形，它能给人以实在、公正的感觉。领带的颜色也有讲究，深色意味着成熟，浅色意味着有活力，可根据需要去选择。

（4）袖口、袖扣不可忽视。在洽谈中，袖口和袖扣常常展露于对方的视线里。如袖扣不全，袖口污浊，会引起对方的反感。

（5）着装原则是追求整体和谐、庄重大方，不应花哨。

（6）皮包、笔记本、手表等细节也不要忽视。

（二）迎见礼仪

（1）作为东道主，应在洽谈前到达约好的洽谈地点，迎接对方洽谈人员。

（2）迎接地点可以选择在大楼门口，也可以在洽谈厅（室）门口。

（3）进入洽谈厅（室），主人应与客方的洽谈代表一一握手，请客人首先入座或双方人员同时落座，主人一定不能自己抢先坐下。如果是等待客人已久，事先坐下了，当客户到来时应马上起身致意邀坐。

（4）宾主双方人员到齐并均已入座后，非谈判人员应退出洽谈场所，并不准随意出入，以免影响洽谈的顺利进行。

（三）举止礼仪

洽谈是严肃的商务活动，行为举止要加倍注意。

（1）做自我介绍时要得体。既不可傲慢无礼，也不必过于拘泥，要考虑大家是同行或相关人员，是平等的关系，应以轻松自然的方式落落大方地说明自己的姓名、单位及身份。另外，如果需要了解对方的有关情况，在询问时要注意使用礼貌语，比如，“请教尊姓大名”之类。

（2）谈判者的体态、动作对谈判氛围有很大影响。一般而言，谈判人员在谈判开始后应该一直注视着对方双眼与前额之间的三角部位，这会使对方感到你是认真严肃、充满诚意的。如果能在谈判中始终如一地保持这种凝视，你就能够把握谈话的主动权和控制权。谈判人员的手势和脚的动作也往往会传达出无声的信息，影响谈话氛围。比如，在握手时，如果你的手心朝下，就会使对方感到你是想支配他，从而对你心生戒备；如果你手心朝上，对方则会感到你可以被他支配。另外，在谈判的过程中，假如能够在讲话时夹带一些适当的手势，往往会增加你谈话的感染力；但如果手势过多，如双手乱动甚至成手舞足蹈状，则会使对方心生反感，认为你太过轻浮无礼。谈判人员的脚的动作则往往能够反映其心理状态。一般来讲，人在平静时脚尖是静止的、着地的，而紧张时则会自然抬高。在谈判的过程中注意观察对方的脚，便可以判断其紧张与否。

小贴士

部分举止动作所阐述的信息

（1）双手放在桌上，挺腰近台面坐，表示洽谈态度积极。

（2）一只手撑着头，另一只手摆弄笔、本子、钥匙等小东西，表明对讲话不感兴趣，注意力不集中。

（3）站立时双脚并拢，双手自然前合，目光友善，面带微笑，是谦恭、礼貌、诚意的表现。

（4）稍息式的站姿，双手垂直或放在背后，眼光散视，不随话题的变化而变化，表明洽谈者倦怠分神。

（5）洽谈者谈话时所做手势掌心向上，表示谦虚、诚实，愿意合作；掌心向下，则有控制、压抑、强制感。

（6）十指端相触撑起，呈塔尖状，并伴以身体后仰，有高傲之嫌。

（7）洽谈者双臂紧紧交叉于胸前，流露出的是防御和敌意。

（四）谈吐礼仪

商务洽谈当然离不开“谈”。在洽谈中注意谈吐的礼仪，会使洽谈内容更富人情味，更易为对方理解和接受。洽谈时主要应注意以下几方面。

1. 寒暄

在尚未正式进入谈判内容时，相互之间的寒暄要注意所谈的话题、范围等。一般应选择容易引起双方共鸣又和正题无关的中性话题来谈，比如，近期较流行的文艺节目或体育活动、个人的爱好与兴趣、以前相互合作的情形等。这一类的谈话往往可以起到沟通情感、创造良好谈判气氛的作用。

2. 谈话距离

在洽谈中，谈话者应保持相对固定的距离，站着应在半米左右，坐着以桌宽为准。双方各自在陈述观点和态度时，位置基本不变。

如果双方有了争执，则易逼近对方发表己见；双方意见无法趋同时，又容易有意拉大双方的空间距离，以表达不满情绪。这两种情形都是富有经验的洽谈者应避免的情况。

3. 谈话语气

在洽谈中，准确把握语气，既是促成洽谈的需要，也是洽谈中应遵循的礼仪。用审问式的威胁性语气和对方讲话，往往会激起对方的逆反心理，不利于洽谈目的的达成。最好的方法是多采用询问性语气，凡事都应看起来是在商量，而不是谁命令谁。

4. 谈话语速

洽谈中说话的速度要平稳，以中速为宜。过快，对方听不清、记不住、弄不懂，且给人以急躁的感觉；过慢，则让人觉得吞吞吐吐，欲言又止，缺乏干练果断的利索劲儿，进而对其工作能力产生怀疑。控制语速的原则就是快而不失节奏、慢而不失流畅，并适时观察对方的反应加以调整。

5. 谈话声调

一般地讲，升调表示惊讶与不满，降调表示遗憾与懊丧，平调显示信心和力量。声调波动也可反映谈判者的思想和感情。在阐述立场时，尽量控制声调，避免过于尖厉、高亢、刺耳的声调。声调中要表现出自己坚定的信心。

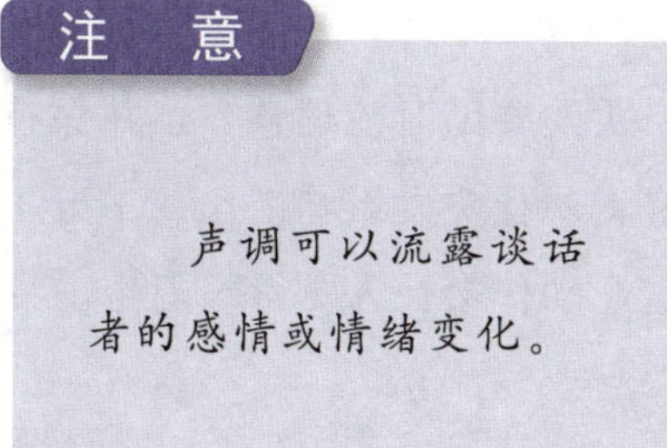

6. 谈话态度

在选择洽谈中的寒暄用语、开场用语、交谈用语、结束用语等时，都应注意谈吐的礼貌文明，既充满自信，又不显得自傲；既热情友好，又不卑不亢；既据实争辩，又适度退让，以达到双赢的最佳结果。

在商务洽谈过程中，除要坚持洽谈原则和掌握洽谈技巧外，最应注意的就是洽谈礼仪的运用。良好的礼仪风貌，不但有利于实现公司的预期目标，而且可给对方留下难忘的良好印象，以便以后长久地合作。

小贴士

商务洽谈的基本原则

（1）互惠互利原则，即“双赢”（Win-Win）原则。

（2）平等协商原则，即以平等的态度、协商的方式去妥善处理双方关系。

（3）求同存异原则，即共同寻求双方的共识，允许出现一些分歧。

（4）依法办事原则，即得到法律的承认和保护。

第二节 商务接待与拜访

一 接待人员的形象

接待人员的服装仪容，往往关系到个人修养及公司形象。一些接待人员在贵宾面前拍头皮屑、拉裤链、扯领带、拉袜子，甚至拉扯内衣带子及衬衣，有损形象。这些不雅的动作都不宜在客人面前展现。

在商务接待与拜访中，接待人员应从以下几方面塑造自己的形象。

（一）头发

头发要随时梳理整齐，并保持干净。头发的分界线要清楚，刘海不要遮住眼睛，且要将头发固定好，勿让头发影响工作。千万不要在客人面前撩头发，有损专业形象，尤其是餐厅服务员，如出现这个动作会让人觉得不卫生。身为接待人员，整洁的头发便是良好精神面貌的体现。

（二）化妆

女性接待人员应化妆，显得比较隆重、正式。而男士不用化妆，一般来说，只要将胡子刮干净，头发梳理整齐即可。别擦太多发油，否则会令人感觉很不干净。

另外，无论男女都应注意口腔卫生，这也是化妆的一部分。与客人交谈要保持口腔清爽，避免因不洁的口气味道影响谈话的氛围。有条件的情况下，可每半年去检查一次牙齿，因为蛀牙及口腔毛病也会产生不好的口气。此外要注意饮食习惯，易上火气及口味浓烈的食物则不宜经常食用。

（三）香水

擦一点清淡的香水在商务行为中也是礼节及修养的一部分，但不可擦香气太浓烈或太奇怪的香水，因要顾及有些人会对香水敏感。男士亦可用古龙水及一般的花露水。

（四）手部

手部的卫生及保养是很重要的，因为手部肢体语言受人注意的程度仅次于脸部。当你第一次与人见面时，首先看整体气质及脸部的表情，其次就是看手了。与人握手、递呈公文或是推销产品时必须伸出手，让人觉得你很有礼貌，否则会有损个人及企业形象。因此，任何行业的接待人员都要注重手部保养，若需使用清洁剂清理物品，最好戴手套，之后马上用护手霜护手，以便将手护理好。

（五）衣服、鞋子及袜子

服饰方面应注意的问题后面有章节专门说明，这里不再赘述。

二　接待工作的一般要求

迎送客人是接待工作中最常见的礼仪活动。热情友善的欢迎能给来宾留下良好的第一印象，圆满周密的欢送能给客人留下美好永久的回忆。

接待访客的五大要领和六大禁忌

五大要领：

（1）态度要亲切，不管对方是什么样的人，都应一视同仁。

（2）口气要平和、热忱，让访客感觉自己是受欢迎的。

（3）动作要精确而从容，带路、指示方向、接受名片、递送茶水等都要迅速、敏捷而且合乎礼仪，不要显得毛躁匆忙或生涩僵硬，给访客留下不成熟、不稳重的印象。

（4）尽快确定对方姓名、头衔和来意并做适当处理。

（5）事后要建立访客资料，并归档。

六大禁忌：

（1）忌埋首工作，对访客不理不睬。

（2）忌态度冷淡、不耐烦。

（3）忌以貌取人。

（4）忌用狐疑的眼神猜测访客的身份。

（5）忌用眼睛瞄访客或紧盯着访客。

（6）忌访客在场或刚离开便与同事议论访客。

只要把握上述五大要领、六大禁忌，再配合适当礼仪，就能做一位称职的接待人员。

（一）制定相应的规格

1. 制定迎送礼仪规格要考虑的主要因素

（1）来访客人的身份、地位。

（2）来访客人的访问性质。

(3) 主宾两个单位之间的关系。

(4) 主要迎送人员应与来宾的身份对等。

2. 遇特殊情况需做出解释

相关迎送人因故不能出面或身份不能完全对等时，应由职务相当者或相关副职出面迎送，并向对方做出解释。

小贴士

来访客人主要分为三类：直接关系的来客，如客户、股东、单位内部高级人员等；间接关系的来客，如税务人员、媒体记者等；与工作无关的来客，如上司的朋友、宗教团体、员工家属等。

接待人员在接待中对各类访客都要以机敏爽快、笑容可掬的态度相待，对客人要有“感谢光临”的心理，使客人有“如沐春风”之感。

(二) 了解迎送仪式的类型

1. 隆重的迎送仪式

适用于高级领导人、贵宾，以表达对其莅临的欢迎与重视。

2. 一般迎送

适用于一般来访者。无论是官方人士、专业代表团、社会团体还是个人访问，如果需要，都应安排相应人员前往迎送，以示尊重。

(三) 确定迎送程序

1. 地点的选择与布置

贵宾抵达和离开时，都应在适当的场合举行正式的迎送仪式。如是涉外仪式，还应在举行仪式的场所悬挂宾主双方国旗。

2. 对等

必须准确掌握来宾抵离时间，通知与来宾身份对等的有关迎送人员（如身份相当的领导人和一定数量的高级管理人员）出席。

3. 守时

所有迎送人员应先于来宾到达指定地点，并由接待人员提前办好有关手续。

4. 献花

一般的迎接不需献花，但对高级贵宾应安排献花。献花时必须用鲜花或花环。不论献什么品种的花都应注意保持花束整洁、鲜艳。通常是在主人同主宾握手之后，由礼仪小姐将花献上，并向来宾行礼。

注　意

迎接贵宾，最好不要献菊花、杜鹃花、石竹花和黄色的花。

5. 介绍

宾主见面时应互相介绍，通常先将主人介绍给来宾，介绍时按职位从高至低的顺序进行。介绍人由礼宾人员或主方人员中职位最高者担任。有时也可以交换名片。

6. 寒暄

客人初到，主人宜主动与客人寒暄。

7. 讲话

一般在欢迎仪式上会安排主宾与主人做简短的讲话，有时还会在现场散发书面讲话稿。

8. 陪同乘车

来宾抵达后，应安排迎送人员陪同乘车。乘车礼仪有章节专门论述，这里不再赘述。

（四）掌握迎客礼仪

（1）迎送贵宾时，应事先在机场、车站安排贵宾休息室，准备饮料。

（2）如有条件，在客人到达之前将客房号和接待车辆的车号通知客人。

（3）派专人协助办理出入境有关手续。

（4）宾客抵达住所后，应为其留出休息更衣的时间，一般不宜马上安排活动。

（5）安排以热情周到、无微不至、有条不紊为原则，让客人有宾至如归的感觉。不能表现得冷淡、粗心、怠慢或使客人感到过于紧张与不便。

（6）注重效率。根据情况，在迎送时适当安排献花、介绍、陪车等几项即可。

（7）住宿安排要合乎规格。

（8）如来宾自备车辆前来，应告知其来回的路线。

（9）客人来访常带有礼品，主人应表示谢意，如说：“让您破费了，真不好意思!”

（10）在收下客人礼品的同时应回赠必要的礼品。

（五）了解送客礼仪

（1）当客人要走时，应婉言相留。

（2）当客人起身告辞时，主人和在场的人应起身道别。

（3）主人送客，一般应送到门外或楼下。

（4）客人伸出手来握别时方可以手相握，切不可在送客时先于客人“起身”或“出手”，免得有厌客之嫌。

（5）迎客时主人应走在前面，送客时客人应走在前面。

（6）目送客人远去时，可挥手致意，并道以“欢迎再来”。

（7）对远客或年纪大的客人，如有需要（如路不熟、走路不方便等）应当送一程。

（8）若送客送到车站或码头，则应待客人上车、上船并等车船开动消失在视线以外再返回。

（9）若送客至机场，应待客人通过安全检查之后再返回。

（10）和上司一起送客时要走在上司稍后一步。

（六）送客注意事项

1. 为客人的返程提供方便

（1）问清客人对返程有哪些具体要求。

（2）尽可能为客人提供返程的车票、船票或机票。

（3）如果无力解决返程票问题，要尽早通知客人，并为其预订或购买返程票提供方便。

（4）代购返程票时应问清车次、航次、航班以及返程时间等。

2. 礼貌送行

（1）应到客人的住地送行。

（2）公务送行一般要送到火车站、飞机场或轮船码头。

（3）送行仪式可以在客人返程的当天举行，也可以在前一天举行，视具体情况而定。

迎送仪式是商务活动中迎来送往的礼宾形式，已经形成一整套规范程序。由于交往的规格与来宾身份不同，迎送的隆重程度与程序内容是有较大区别的，因此，应酌情处理，但在礼仪规范和真诚态度上不能马虎。

三 几种不同的接待

（一）接待预约来访者

1. 了解来访者情况

对于预约的访客，在其来之前，接待人员要有所准备，事先记住他的姓名（包括写法及发音），并了解客人的头衔及公司的情况。

2. 热情迎接

当来访者应约而来时，接待人员应马上放下手中的工作，抬起头来朝来人微笑或从椅子上站起来，礼貌地招呼一声“您好，欢迎光临”。一般情况下不用主动和来访者握手，除非来者非常重要或年事很高。但是如果来者主动把手伸过来，则不要使对方的手悬空，要顺其自然地回握，并最好能立即确定对方从何处来以及叫什么名字。

3. 礼貌待客

接待人员可能会遇到事先并不知道的预约来访客人。例如，接待人员问客人：“事先约好时间了吗？”客人答：“约好两点钟见面。”这时接待人员一定要赶紧道歉：“啊，真对不起，失礼了。”因为站在客人的立场来说，本是约好时间才来的，却被问有没有预约，客人内心一定感到不大舒服，而且这一状况也显示出公司没做好信息传达工作，所以一定要道歉。

迎接来访客人后，应询问客人约定见面的部门或人员，并请教对方身份以便通报。若被访者表示与该客人有约，此时对客人的接待要更为有礼，可说声“您好，××正等着您”，必要时，要主动取过客人的伞、帽子、外套，放在衣帽架上，并说“帮您挂在这儿”。

4. 通知被访者

若来访者在约定的时间到达，应立即通知被访者。

若来访者比约定的时间早到，不要露出慌忙、不知所措的表情，或抱怨对方来得太早，而应先请宾客至接待室休息，为之奉茶倒水，并向客人表示将请示被访者可否提前会面，以使客人感觉愉快。若被访者无法提前与客人见面，可以送上书报资料供来访者消遣时间。接待服务人员应不时地对宾客讲两句客套话，如“经理马上就来了，请稍候”，不要让客人待坐在接待室而无人招呼。

5. 正确引导

正确引导客人至被访者处，引导时要走在客人的左前方。接待人员在退出会客室、关上门时，不要背对访客，而应以正面倒走方式退出。

6. 奉茶倒水

客人与被访者见面后，接待人员要负责奉上茶水。

7. 礼待迟到者

若预约的宾客迟到，千万不可埋怨指责客人，因为迟到的人已很心慌，此时应亲切地表示问候及关心，也可适时为对方找个借口表达体贴与谅解之意。

8. 礼貌送客

客人离开时，应礼貌送客，并满足客人正当的要求。

（二）接待未预约来访者

有些客人事先没预约而临时来访，作为接待人员也应热情友好地接待，并有礼貌地询问客人的来意，让客人感觉是受欢迎的。甄别客人后，请对方稍候，通报主管办公室。无论是谁接听电话都应问：“××办公室吗?”不要直呼：“主管您好。”说明有客人来访后由主管决定是否接待，不要擅作主张。

当主管表示不愿接见访客时，要小心对答，应向客人表示主管不在，不能直说主管不愿接见。可向客人要张名片并表示主管回来时会“告知”他的来访，切不可说主管回来时会回电。随便替主管答应回电是很失礼的做法。

（三）内宾接待

1. 接待来自上级单位的客人

在上级单位领导来了解情况或视察工作进展时，要请本单位的领导亲自出面接待。如果领导让接待人员介绍某些情况，可就事而论，不要对整个工作的是非优劣做出评价；如果领导主动征求意见，接待人员应直言不讳，讲出自己的看法；如果本单位领导不在，而上级领导要求接待人员介绍情况或向其询问问题，接待人员要实事求是地汇报。对上级领导交办的任务，接待人员应问清记好，待本单位领导归来后进行汇报。上级单位普通工作人员进行工作访问时，也应由本单位领导出面介绍情况，以示尊重。

2. 接待来自平级单位的客人

平级单位的领导来访，应由单位领导出面接待。如果本单位领导不在或有事不能分身，经领导委托，接待部门领导或工作人员可出面接待，并向来宾做出解释，以求谅解。如果来宾是来参观学习、了解情况的，应实事求是地介绍；如果是来进行业务联系的，可由对口部门负责人接待，重要问题要向主管领导汇报。接待时要注意互通有无，互相交流情况，掌握各兄弟单位的工作情况，事后整理出材料，供单位领导人参考。

3. 接待本系统的客人

本系统下属单位人员来访，除领导点名找来的以外，一般由各对口部门负责接待。对来汇报工作的人员，接待人员应详细记录汇报的内容，有不清楚的地方一定要问清楚，若汇报的情况参考价

值较大，要向来人索要书面材料。对于来请示解决问题的，属于接待部门职权范围的事，可按有关规定答复和处理；凡是新问题、重要问题都要请示领导后再做答复。对来反映问题的，一般由秘书部门负责接待，然后视问题的性质和解决的途径，及时与有关职能部门联系，尽快给予答复和解决；重大问题要向领导报告；对申诉性或检举揭发性的来访，要为来人保密。若来人指名直接向某领导报告，接待人员要向领导通报，经领导同意后再约定会见时间、地点。

小知识

迎接客人的要领

（1）第一时间甄别客人：迅速准确地区分预约好的、没预约但有接待必要的、没预约且事务不太紧急的等各类客人，使之及时得到相应接待。

（2）第一时间的动作表情：3S——Stand up（站起来）、See（注视对方）、Smile（微笑）。

（3）第一时间的迎客语言："您好，欢迎您！""您好，我能为您做点什么？""您好，希望我能帮助您。"

四 商务拜访礼仪

拜访有事务性拜访、礼节性拜访和私人拜访三种，事务性拜访又有商务洽谈性拜访和专题交涉性拜访之分。

（一）商业拜访前的准备

为了做个有礼且受欢迎的客人，必须做好拜访需要的准备工作，做到"知己"和"知彼"。

1. "知己"

（1）根据拜访的性质做好相应的准备。如果是商务洽谈性拜访，应事先准备好相应的资料，将自己的目的、宗旨厘清，这样就不会仓促而去，浪费对方的时间。充分的准备是尊重对方的表现。

（2）注意着装和个人形象。拜访之前，衣着方面除了注意因地制宜及整洁、舒适之外，还须符合自己及所拜访对象的身份。拜访者的外观代表着公司形象，如果客户对其产生美好的第一印象，就等于为公司挣了印象分。

2. "知彼"

拜访之前要先了解对方的基本情况，如经营状况等，这有助于编排谈话内容的顺序。有了充分的准备，在拜访的时候才能驾轻就熟，成功地达到拜访目的。

3. 注意时间和场合

要事先预约拜会的时间。预约时要有礼貌地请教对方在你所定的时间内是否有空，同时也必须告知对方此次拜访需要多长时间。

在选择时间时要特别注意：对方公司刚开门时、对方中午用餐及休息时间、对方即将下班时，这三个时段都不适合作为拜访时间。

（二）等待会见时的礼仪

1. 拜访时一定要准时

最好提早 5～10 分种到达，这表示你能完全掌握时间。

2. 主动登记，说明拜访对象

告诉接待员你的姓名、公司名称，并递上一张名片（上面印有你的职务），并告知约见人的姓名。

3. 耐心等候通报

若被拜访者的前一个约会还没结束，接待员会请你在贵宾室或会客室稍候，这时千万不要显出一副不耐烦的样子，而要安静耐心地等待。如果提前到达，千万不要在被拜访的公司内乱走，更不要乱翻别人的资料、档案。在拜访地借用电话时，要尊重主人，先打招呼再用。

若你准时赴约，在接待室中等了很久还是没有人来与你会面，不管是否能继续等待，只要已超过 20 分钟，就可以请问秘书或接待员："您是否能告诉我，××先生何时有空呢?"对秘书也要有礼貌，就算你对他的上司非常生气，也不能把气出在他身上。

小贴士

当要拜访的对象始终没有办法和你见面，而你又无法再继续等候下去时，可以留下名片，并将名片左上角往内折，这表示你已经来过。一定要请前台人员转送，并向前台人员致谢，也可要求前台人员再约下次拜访时间。

（三）拜访时的注意事项

1. 进入主人的房间后不要贸然行事

应把公文包或手袋放在地上，不可放在桌子上，那是主人的领地。同样，不要自行取用桌子上的茶水，也不要去碰或表现出想看桌子上任何文件的企图。

2. 按主人之意就座

如果主人出于某种原因没有指明（也许忘了）客人的座位，客人最好先问一下再坐，以免错误地坐在别人的座位上。

3. 注意特殊天气

遇到下雨或特殊的天气时，在进入别人的办公室前，要先请教前台人员是否有衣帽间可以放置你的伞或雨衣，最好不要随身携带雨具去见你所要拜访的人。在这种天气里，更要提早到达约定地点，以免因交通阻塞而误了约定时间。

4. 携带足够的名片

名片的使用方法也要得当。拜访他人公司时，先给前台人员一张名片，并告知："我是×××，跟贵公司×××下午×点有约，麻烦您。"对方接到名片后会马上为你联系。当你见到所要见的人，

如果是初次见面，应马上拿出名片给对方，以证明你的身份。如果主人没回赠名片，应向他索要一张或在征得同意后从主人的名片盒中取一张。

5. 稍作寒暄

初见面时，一般应与主人寒暄一下。例如，“您好！我是×××公司的×××，感谢您对我们公司的照顾。”在通常情况下，几分钟甚至几句话就足够了。

6. 适时告辞

在告辞的礼节方面，说过“再见”后，你的身体就该离开椅子了，不要“半个钟头前说再见，半个钟头后还坐在椅子上”，这是很不礼貌的行为。如果碰到受访者非常忙碌的时候，你要很有礼貌地请对方留步，不必其远送。

五 奉茶及接受奉茶的礼仪

客户来访时，除了请客人入座外，还应马上奉茶。奉茶前可请教客人的喜好——是茶、咖啡，还是其他饮料？如附带有点心招待的话，就应先将点心端出，然后再奉茶。

（一）奉茶时的注意事项

（1）茶水不要倒得太满，以八分满为宜。

（2）水温不宜太高，以免客人不小心被烫伤了。

（3）同时有两位以上的访客时，端出的茶色要均匀，并要配合茶盘端出，左手托着茶盘底部，右手扶着茶盘的外缘。如有点心则放到客人的右前方，茶杯应摆在点心右边。

（4）奉茶时应向在座的人说声：“对不起！”再以右手端茶，从客人右方奉上，面带微笑，眼睛注视对方并说：“这是您的茶，请慢用！”

（5）奉茶时应依职位的高低顺序端给各位客人，再依职位高低端给自己公司的接待人员。

（6）以咖啡或红茶待客时，杯耳和茶匙的握柄要朝着客人的右边。此外，要替每位客人准备一包砂糖和奶精，放在杯子旁（碟子上），方便客人取用。

（二）接受奉茶的注意事项

（1）表达谢意。注视奉茶者，并诚恳地说声“谢谢”。在商务活动中，当别人奉茶时不要以手去接，以免增加奉茶者的困扰。但若是上司或长辈亲自给你奉茶，则要起身双手恭敬地接迎。接受奉茶时如果无法说感谢，也要以和蔼的眼神回谢奉茶者，绝不可视而不见、听而不闻。

（2）动作规范。如需调和糖与奶精，应先调好，将茶匙横放在碟子上，再以右手端起杯子（除非你惯用左手）。

喝茶时不需将杯垫一起端起，应以单手端起茶杯，另一只手轻扶杯垫，预防杯垫掉落。但若坐在矮茶几旁，则必须连同杯垫一起端起，以免不慎打翻。

（3）文明用茶。喝茶时不可出声，尤其是喝工夫茶时，不要因怕将茶叶喝入口中而以嘴滤茶，如果发出声音则是十分不雅的。

女士喝茶前先用化妆纸将口红轻轻擦掉些，以免口红印留在杯子上。

商务拜访时，如对方未备饮料款待，来访者不宜主动要求提供饮料。

第三节 商业仪式与活动

一 开业典礼

典礼活动很多，常见的有节日庆典、奠基竣工典礼等。开业典礼，是指在单位创建、开业，项目完工，某一建筑物正式启用，或是某项工程正式开始之际，为了表示庆贺或纪念，而隆重举行的专门的仪式。有时，开业典礼亦称作开业仪式。举行开业典礼，要遵循“热烈、隆重、节俭”的原则。

（一）开业典礼的筹备

1. 做好开业典礼的舆论宣传工作

此类工作有二：一是选择有效的大众传播媒介进行集中性的广告宣传。企业可在报纸、电台、电视台广泛发布广告或在告示栏中张贴开业告示，其内容多为开业典礼举行的日期及地点、开业之际对顾客的优惠、开业单位的经营范围及特色等，以引起公众的注意。开业广告或告示发布时间在开业前的 3 天内为宜。二是邀请有关的大众传播界人士在开业典礼举行之时到场进行采访、报道，以期对本单位做进一步的正面宣传。

2. 做好来宾邀请工作

开业典礼影响的大小，往往取决于来宾的身份高低与数量多少。在力所能及的条件下，要力争多邀请一些来宾参加开业典礼。地方领导、上级主管部门与地方职能管理部门的领导、合作单位与同行单位的领导、社会团体的负责人、社会名流、新闻界人士，都是邀请时应予优先考虑的重点。其中，新闻界人士是邀请的首要对象。

3. 发放请柬

提前一周发出请柬，便于被邀者及早安排和准备。

请柬的印制要精美，内容要完整，文字要简洁，措辞要热情。被邀者的姓名要书写整齐，不能潦草马虎。

一般的请柬可派人送达，也可通过邮局邮寄。给有名望的人士或主要领导的请柬应派专人送达，以表示诚意和尊重。

4. 布置现场

应突出喜庆、热闹的气氛，营造出一种隆重而令人振奋的氛围。开业典礼多在开业现场举行，需要较为宽敞的活动空间，所以正门之外的广场、正门之内的大厅、展厅门前等处均可作为开业典

礼的举行地点。

按照惯例，举行开业典礼时宾主一律站立，故一般不布置主席台及座椅。为显示隆重与敬客，可在来宾尤其是贵宾讲话之处铺设红色地毯，并在场地四周悬挂横幅、标语、气球、彩带、宫灯。此外，还应当在醒目之处摆放来宾赠送的花篮、牌匾等。

5. 准备开幕词、致辞

仪式开始，组织的负责人致辞，向来宾表示感谢，并介绍本组织的经营特色和服务宗旨等。上级领导和来宾可在会上致辞，应多讲一些祝愿的话，但要注意限制发言时间。开幕词、致辞要言简意赅、热情庄重，起到密切感情、增进友谊的作用。

6. 做好接待服务工作

接待人员在会场门口接待来宾，待来宾签到后，引导来宾就位。

重要来宾须由本单位主要负责人亲自出面接待，其他来宾可由本单位的礼仪小姐负责接待。

若来宾较多，应准备好专用的停车场、休息室，并为其安排饮食。

7. 要做好礼品馈赠工作

开业典礼赠予来宾的礼品应具有如下三大特征：其一，宣传性。可在礼品及其外包装上印上本单位的企业标志、广告用语、产品图案、开业日期等。其二，荣誉性。要使之具有一定的纪念意义，让拥有者对其珍惜、重视，并为之感到光荣和自豪。其三，独特性。具有本单位的鲜明特色，使人心生欢喜。

8. 拟定典礼程序

从总体上来看，开业典礼大都由开场、过程、结束三个阶段构成：

（1）开场：奏乐，邀请来宾就位，宣布典礼正式开始，介绍主要来宾。

（2）过程：这是开业典礼的核心内容，它通常包括本单位负责人讲话、来宾代表致辞、启动某项开业标志等。

（3）结束：包括开业典礼结束后宾主一道进行现场参观、联欢、座谈等。它是开业典礼必不可少的内容。

9. 做好各种物资准备

（1）用品准备。如来宾的签到簿、本单位的宣传材料、待客的饮料等。

（2）设备准备。对于音响、录音录像、照明等设备以及开业典礼所需的各种用具、设备，必须事先认真检查、调试，以防在使用时出现差错。一般在开业典礼前一小时应再调试一次。

（二）掌握参加开业典礼的礼仪

1. 主办方礼仪

（1）仪容整洁。出席典礼的人员事前要做适当修饰。女士要适当化妆，男士应梳理好头发，刮净胡须。

（2）服饰规范。最好着统一式样的服装。如果着装不统一，也至少要保证男士穿深色西装或中山装，女士穿深色西装套裙或套装。

（3）准备充分。请柬的发放应及时，无遗漏；安排好席位、座次；安排好来宾的迎送车辆等。

（4）遵守时间。不得迟到、无故缺席或中途退场。典礼应准时开始，准时结束。

(5) 态度友好。见到来宾要主动热情地问好，对来宾提出的问题应予以友善的答复。当来宾发表贺词后，应主动鼓掌表示感谢。不能随意打断来宾的讲话，提出挑衅性问题或是对来宾进行人身攻击。来宾致辞中如有不能接受的内容，当场一般不加理睬，如果敌意过于明显，应以委婉而简短的语言引开话题。

(6) 行为自律。主办方人员不得嬉笑打闹，不要东张西望，表现出心不在焉的样子。

2. 宾客礼仪

(1) 准时参加。如有特殊情况不能到场，应尽早通知主办方，说明理由并表达歉意。

(2) 最好送贺礼。贺礼可以选择花篮、镜匾、楹联等，以表示对开业方的祝贺，并在贺礼上写明庆贺对象、庆贺缘由、贺词及单位名称。

(3) 恭致祝贺。致贺词要简短精练，以祝顺利、发财、兴旺等吉利话为主，不能随意发挥。

(4) 广交朋友。到场后应礼貌地与周围的人打招呼，可通过自我介绍、互换名片等方式结识更多的朋友。

(5) 礼节性支持。如鼓掌、合影、跟随参观、写留言等。

(6) 礼貌告辞。典礼结束后应和主办人握手告别，并致谢意。

二　交接礼仪

交接仪式，在商务活动中一般是指施工单位依照合同将已经建设、安装完成的工程项目或大型设备，例如，厂房、商厦、宾馆、办公楼、机场、码头、车站或飞机、轮船、火车、机械等，经验收合格后正式移交给使用单位之时举行的庆祝典礼。

交接的礼仪是指在举行交接仪式时须遵守的有关规范。它具体包括交接仪式的准备、交接仪式的程序、交接仪式的注意事项等内容。

（一）交接仪式的准备

1. 来宾的邀请

一般应由交接仪式的主办方——施工或安装单位负责。从原则上来讲，交接仪式的出席人员应当包括施工、安装单位的有关人员，接收单位的有关人员，上级主管部门的有关人员，当地政府的有关人员，行业组织、社会团体的有关人员，各界知名人士，新闻界人士以及协作单位的有关人员等。

交接仪式上应尽可能地为参加仪式的媒体提供便利。至于邀请海外的媒体人员参加交接仪式的问题，则必须认真遵守有关的外事规则与外事纪律，事先履行必要的报批手续。

2. 现场的选择

一般可将交接仪式的举行地点安排在已经建设、安装完成并已验收合格的工程项目或大型设备所在地的现场。有时，亦可将其酌情安排在主办方单位本部的会议厅或者由施工、安装单位与接收单位双方共同认可的其他场所。

如果将被交付的工程项目或大型设备的现场条件欠佳或是出于主办方单位的本部不在当地以及将要出席仪式的人员较多等其他考虑，经施工、安装单位提议，并经接收单位同意，交接仪式亦可

在其他场所举行。如宾馆的多功能厅、外单位出租的礼堂或大厅等处，都可用来举行交接仪式。

3. 物品的预备

在交接仪式上，有不少需要使用的物品应由主办方提前准备，例如：

（1）验收文件：已经公证的由交接双方正式签署的接收证明文件。

（2）一览表：交付给接收单位的全部物资、设备或其他物品的名称、数量明细表。

（3）钥匙：用来开启被交接的建筑物或机械设备的钥匙。注意：一般来说，钥匙只具有象征性，预备一把即可。

（4）特色物品：烘托喜庆气氛的物品以及为来宾准备的礼品。赠送给来宾的礼品，应突出其纪念性、宣传性，如被交接的工程项目、大型设备的微缩模型或以其为主角的画册、明信片、纪念章、领带针、钥匙扣等，皆为上佳之选。

（二）交接仪式的程序

主办单位在拟定交接仪式的具体程序时，必须注意两方面的问题：其一，参照惯例，尽量不要标新立异；其二，实事求是，量力而行。常见的交接仪式程序如下：

（1）主持人宣布交接仪式正式开始。

（2）奏国歌，然后演奏东道主单位的标志性歌曲。奏国歌时，全体与会者必须肃立。

（3）由施工、安装单位与接收单位正式进行有关工程项目或大型设备的交接。具体的做法是：由施工、安装单位的代表将有关工程项目、大型设备的验收文件、一览表或者钥匙等象征性物品，正式递交给接收单位的代表。此时，双方应面带微笑，双手递交、接收有关物品，在此之后还应热烈握手。

（4）各方代表发言。发言的顺序如下：施工、安装单位的代表，接收单位的代表，来宾的代表。发言宜短忌长，点到为止即可，原则上每个人的发言应以 3 分钟为限。

（5）宣告交接仪式正式结束，随后安排全体来宾进行参观或观看文娱表演。

（三）交接仪式的注意事项

1. 主办方

（1）仪表整洁。主办方参加交接仪式的人员必须妆容规范、服饰得体、举止大方。

（2）保持风度。在交接仪式举行期间，主办方的人员不得东游西逛、交头接耳、打打闹闹。在为发言者鼓掌时，不允许厚此薄彼。

（3）待人友好。主办方的全体人员都应当自觉地树立起主人翁意识。一旦来宾提出问题或需要帮助，都要鼎力相助。不允许一问三不知、借故推托、拒绝帮忙，甚至胡言乱语、大说风凉话。即使自己力不能及，也要向对方说明原因，并且及时向有关方面反映。

2. 来宾方

（1）热烈祝贺。接到正式邀请后，被邀请者应尽早以单位或个人的名义发出贺电或贺信，向主办方表示热烈祝贺，也可在出席交接仪式时将贺电或贺信面交主办方。不仅如此，被邀请者在参加仪式时还须郑重其事地与主办方的主要负责人一一握手，再次口头道贺。

（2）略备贺礼。为表示祝贺之意，可向主办方赠送一些贺礼，如花篮、牌匾等。

（3）预备贺词。假若自己与主办方关系密切，还须提前预备一份书面贺词，供发言时使用。其内容应当简明扼要，主题是向主办方道喜祝贺。

（4）准时到场。若无特殊原因，接到邀请后，务必牢记在心，届时正点抵达，为主人捧场。若不能出席，则应尽早通知主办方。

三 剪彩礼仪

剪彩仪式，指的是商界的有关单位为了庆贺公司的设立、企业的开工、宾馆的落成、商店的开张、银行的开业、大型建筑物的启用、道路或航线的开通、展销会或博览会的开幕等而隆重举行的一项礼仪性程序。因其主要活动内容是邀请专人使用剪刀剪断被称为“彩”的红色缎带，故此被人们称为剪彩。

小知识

剪彩的来历

1912年，美国得克萨斯州的华狄密镇有一家大百货公司将要开业。开张这天的一大早，老板按当地风俗在开着的店门前横系一条布带，防止公司未开张前有闲人闯入。这时，老板的小女儿牵着一条哈巴狗从店里匆匆跑出来，无意中碰断了这条布带。等在门外的顾客以为这是该店为了开张而搞的独特仪式，便蜂拥而入，争先购物，公司的生意自然兴隆无比。不久，当老板的一个分公司要开张时，老板想起第一次开张时的盛况，便有意让小女儿把布带碰断，果然效果又很好。于是，人们争相效法。这种仪式发展到了今天就叫“剪彩”。

目前，通行的剪彩礼仪主要包括剪彩的准备、剪彩人员的选定、剪彩的程序等内容。

（一）剪彩的准备

它主要涉及场地的布置、环境的卫生、灯光与音响的准备、媒体的邀请、人员的培训等。在准备这些方面时，必须认真细致、精益求精。除此之外，还须对剪彩仪式上要使用的某些特殊用具，诸如红色缎带、新剪刀、白色薄纱手套、托盘以及红色地毯等，进行仔细的选择与准备。

1. 红色缎带

剪彩仪式之中的“彩”，应当用一整匹未曾使用过的红色绸缎，并在中间结成数朵花团做成。

2. 新剪刀

剪彩者人手一把新剪刀。剪刀专供剪彩者在正式剪彩时使用，必须锋利而顺手。

3. 白色薄纱手套

这是专为剪彩者准备的。剪彩者剪彩时每人戴上一副白色薄纱手套，以示郑重。在准备白色薄纱手套时，除了要确保数量充足之外，还须注意手套的大小适度、崭新平整、洁白无瑕。

注 意

万不可因剪刀不好用而使台上的剪彩者尴尬！

4. 托盘

托盘用来盛放剪刀、白色薄纱手套。最好是崭新、洁净的，通常首选银色的不锈钢制品。为了显示庄重，可在使用时在盘上铺红色绒布或绸布。

5. 红色地毯

红色地毯主要用于铺设在剪彩者正式剪彩时的站立之处。其长度可视剪彩者人数的多寡而定，其宽度则应在 1m 以上。在剪彩现场铺设红色地毯，主要是为了提升档次，营造一种喜庆的气氛，有时亦可不予铺设。

（二）剪彩人员的选定

对剪彩人员必须认真进行选择，并于事前进行必要的培训。

除主持人之外，剪彩人员主要由剪彩者与助剪者组成。

1. 剪彩者

剪彩者可以是一个人，也可以是几个人，但是一般不应多于 5 人。剪彩者多由上级领导、合作伙伴、社会名流、员工代表或客户代表担任。剪彩者应着套装、套裙或制服，并将头发梳理整齐，不允许戴帽子、墨镜，也不允许穿着便装。

若剪彩者仅为一人，则其剪彩时居中而立即可。若剪彩者不止一人，一般的规则是：中间高于两侧，右侧高于左侧，距离中间站立者愈远，位次便愈低，即主剪者应居于中央的位置。

2. 助剪者

多由主办方的女职员担任，即礼仪小姐。

在剪彩仪式上服务的礼仪小姐又可以分为迎宾者、引导者、服务者、拉彩者、捧花者、托盘者。迎宾者的任务，是在活动现场负责迎来送往。引导者的任务，是在进行剪彩时负责带领剪彩者登台或退场。服务者的任务，是为来宾尤其是剪彩者提供饮料和安排休息之处。拉彩者的任务，是在剪彩时展开、拉直红色缎带。捧花者的任务，是在剪彩时手托花团。托盘者的任务，则是为剪彩者提供剪刀、手套等剪彩用品。

礼仪小姐的基本条件是：相貌姣好、身材颀长、年轻健康、气质高雅、音色甜美、反应敏捷、机智灵活、善于交际。礼仪小姐的最佳装束应为：化淡妆，盘起头发，穿款式、面料、色彩统一的单色旗袍，配肉色连裤丝袜、黑色高跟皮鞋。除戒指、耳环或耳钉外，不佩戴其他任何首饰。有时，礼仪小姐身穿深色的单色套裙亦可。但是，她们的穿着打扮必须尽可能整齐划一。必要时，可向外单位临时聘请礼仪小姐。

（三）剪彩的程序

剪彩仪式宜紧凑，忌拖沓，所耗时间愈短愈好，短则一刻钟，长也不宜超过一个小时。按照惯例，剪彩既可以是开业典礼中的一项具体程序，也可以独立出来，由其自身的一系列程序组成。剪彩仪式通常应包含如下六项基本的程序。

1. 请来宾就位

在剪彩仪式上，通常只为剪彩者、来宾和本单位的负责人安排座席。

2. 宣布仪式正式开始

在主持人宣布仪式开始后，乐队演奏音乐，现场可燃放鞭炮，全体到场者应热烈鼓掌。此后，主持人向全体到场者介绍到场的重要来宾。

3. 奏国歌

此刻全场起立。奏国歌后亦可演奏本单位标志性歌曲。

4. 进行发言

发言者依次应为主办方单位的代表、上级主管部门的代表、地方政府的代表、合作单位的代表。发言内容应言简意赅，每人不超过 3 分钟，重点分别应为介绍、道谢与致贺。

5. 进行剪彩

此刻全体应热烈鼓掌，必要时还可奏乐或燃放鞭炮。在剪彩前须向全体到场者介绍剪彩者。

6. 组织参观

剪彩之后，主人应陪同来宾参观被剪彩之物。仪式结束后，主办方单位可向来宾赠送纪念性礼品，并以自助餐款待全体来宾。

四　签字礼仪

签字，即合同的签署。它在商务交往中被视为一项标志着有关各方的相互关系取得了更大的进展以及为消除彼此之间的误会或抵触而达成了一致性见解的重大成果。

在具体签署合同时，应严格地依照规范，讲究礼仪，应用礼仪，依例举行一系列程式化的活动，即签字的仪式。签字仪式分为草拟阶段、准备阶段与签署阶段。

（一）草拟阶段

草拟合同文本。

1. 合同写作的要求

合同的写作有一定之规。它的要求是：目的要明确、内容要具体、用词要标准、数据要精确、项目要完整、书面要整洁。

2. 合同的不同格式及写作规范

从具体的写法上来说，合同大体上有条款式与表格式两类。所谓条款式合同，指的是以条款形式出现的合同。所谓表格式合同，则是指以表格形式出现的合同。条款式合同与表格式合同在写法上都有各自的具体规范，在实践中必须严格遵守。一般来说，标的、费用与期限被称作合同内容的三大要素。三者在任何一项合同中都应当齐备，缺一不可。从具体的条款撰写上来讲，一项合同至少需要具备标的、数量或质量、价款或酬金、履约的期限与地点及其方式、违约责任等五大基本内容。对于这种规范，商界人士必须自觉地遵照执行。

3. “双方均受益”原则

商务人员在草拟合同的具体条款时，既要“以我为中心”，优先考虑自己的切身利益，又要使“双方均受益”，尽可能照顾他方的利益，这是促使合同为对方所接受的最佳途径。

4. 原则性与灵活性相结合

草拟合同时，在具体条款上，商务人员不仅要讲原则性，也要讲灵活性。

（二）准备阶段

1. 布置签字厅

签字厅有常设的、专用的，也有临时以会议厅、会客室来代替的。签字厅的布置要求庄重、整洁、清静，室内应铺地毯，正规的签字桌应为长桌，其上最好铺设深绿色台呢布，其他陈设视情形而定。签字桌应横放于室内，在其后可摆放适量的座椅。签署双边性合同时，可放置两张座椅，供签字人就座。签署多边性合同时，可以仅放一张座椅，供各方签字人签字时轮流就座，也可以为每位签字人都提供座椅。签字人就座时，一般应面对正门。

2. 准备所需物品

（1）待签的合同文本。应由举行签字仪式的主方负责准备待签合同的正式文本。主方应会同有关各方一道，指定专人，共同负责合同的定稿、校对、印刷与装订。

签署涉外商务合同时，按照国际惯例，待签的合同文本应同时使用有关各方法定的官方语言或是使用国际上通行的英文、法文。此外，亦可同时并用有关各方法定的官方语言与英文或法文。使用外文撰写合同时，应反复推敲，字斟句酌，不要望文生义或不解其意地乱用词语。

待签合同文本应由精美的白纸印制而成，按大八开的规格装订成册，并由高档质料如真皮、金属、软木等作封面。

负责为签字仪式提供待签的合同文本的主方，按常规应为在合同上正式签字的有关各方均提供一份待签的合同文本，必要时还可再向各方提供一份副本。

（2）签字笔。不能使用圆珠笔签订合同。循例应事先安放好签字笔、吸墨器等。

（3）国旗。与外商签署涉外商务合同时还需在签字桌上插放有关各方的国旗。插放国旗的位置与顺序，必须按照礼仪而行。有关各方的国旗须插放在该方签字人座椅的正前方。

（4）座次安排。签字时各方代表的座次由主方代为先期排定。

签署双边性合同时，应请客方签字人在签字桌右侧就座，主方签字人则应同时就座于签字桌左侧。双方各自的助签人应分别站立于各自一方签字人的外侧，以便随时为签字人提供帮助。双方其他的随员，可以按照一定的顺序在己方签字人的正对面就座，也可以依照职位的高低自左至右（客方）或是自右至左（主方）依次列成一行，站立于己方签字人的身后，当一行站不完时，可以按照以上顺序并遵照“前高后低”的惯例，排成两行、三行或四行。原则上，双方随员人数应大体上相近。

签署多边性合同时，一般仅设一个签字椅。各方签字人签字时，须依照有关各方事先同意的先后顺序，依次上前签字。各自的助签人应随之一同行动。助签时，依“右高左低”的规矩，助签人应站立于签字人的左侧。与此同时，有关各方的随员应按照一定的序列面对签字桌就座或站立。

（5）香槟酒和高脚杯。双方在交换已签的合同文本后，为增添喜庆气氛，使用高脚杯共饮香槟酒。

（三）签署阶段

签署阶段是签署合同的高潮，它的时间不长，但程序规范、庄重而热烈。

1. 签字仪式正式开始

有关各方人员进入签字厅，在既定的位次上各就各位。

2. 签字人按“轮换制”正式签署合同文本

(1) 首先签署己方保存的合同文本，接着再签署他方所持的合同文本。

(2) 签字人正式交换已经有关各方正式签署的合同文本。

此时，各方签字人应热烈握手，互致祝贺，并相互交换各方刚才使用过的签字笔，以示纪念。全场人员应鼓掌表示祝贺。

注　意

签字的“轮换制”，指每位签字人均应首先签署己方保存的合同文本，然后再交由他方签字人签字。这样在位次排列上，有关各方均有机会居于首位一次，以显示机会均等、各方平等。

3. 共饮香槟酒互相道贺

在一般情况下，在正式签署商务合同后，各方应开香槟举杯庆祝。

此外，签署的合同应提交有关方面进行公证才正式生效。

五 新闻发布会礼仪

新闻发布会，简称发布会，有时也称记者招待会。

它是以发布新闻为主要内容的会议，是社会组织主动传播各类有关的信息，谋求新闻界对其或与其相关的某一活动、事件进行客观而公正的报道的有效沟通方式。

新闻发布会礼仪，一般指的就是有关举行新闻发布会的礼仪规范，包括会议的筹备工作、媒体的邀请、现场的应酬、善后事宜等。

(一) 会议的筹备工作

1. 主题的确定

新闻发布会的主题大致上有三类：发布某一消息、说明某一活动、解释某一事件。

2. 时间的选择

一般来说，一次新闻发布会所使用的全部时间应当限制在两小时以内。在选定举行新闻发布会的时间时，还须谨记以下四个方面的细节问题：

(1) 避开节日与假日；

(2) 避开本地的重大社会活动；

(3) 避开其他单位的新闻发布会；

(4) 避开与新闻界的宣传报道重点撞车或相重叠。

通常认为，举行新闻发布会的最佳时间，是在周一至周四的上午 10 时至 12 时或是下午的 3 时至 4 时。在此时间内，绝大多数人是方便与会的。

3. 地点的确定

新闻发布会的举行地点，除可以考虑本单位所在地、活动或事件所在地之外，还可优先考虑影响力巨大的中心城市。必要时，还可在不同地点举行内容相似的新闻发布会。举行新闻发布会的现场，应交通方便、条件舒适、面积适中，本单位的会议厅、宾馆的多功能厅、当地最有影响的建筑物等均可酌情予以选择。

4. 人员的安排

在准备新闻发布会时，主办者一方必须精心做好有关人员的安排。

发布会的主持人大都由主办单位的公关部部长、办公室主任或秘书长担任。他的基本条件是：仪表堂堂、年富力强、见多识广、反应灵活、语言流畅、幽默风趣、善于把握大局、长于引导提问，并且具有丰富的主持会议的经验。主持人的发言内容是简单介绍会议概要。

发布会的发言人是会议的主角，通常应由本单位的高级领导担任。此人除了在社会上口碑较好、与新闻界关系较为融洽之外，还应当修养良好、学识渊博、思维敏捷、记忆力强、善解人意、能言善辩、彬彬有礼。发言人的发言内容应详细。

发布会的礼仪服务人员最好是由品行良好、相貌端正、工作负责、善于交际的主办方的年轻女性担任。

5. 材料的准备

(1) 发言提纲。它是发言人在新闻发布会上进行正式发言时的发言提要。它既要紧扣主题，又必须全面、准确、生动、真实。

(2) 问答提纲。为了使发言人在现场正式回答提问时表现自如，不慌不忙，事先可对有可能被提问的主要问题进行预测，并就此预备好对应的答案，以使发言人心中有数，必要时予以参考。

(3) 宣传提纲。主办单位可事先精心准备好一份以有关数据、图片、资料为主的宣传提纲，并且打印出来，在新闻发布会上提供给每一位外来的与会者。在宣传提纲上，通常应列出单位名称及联络电话、传真号码，以供新闻界人士核实之用，有网页的商界单位应同时列出本单位的网址。

(4) 辅助材料。假如条件允许，可在新闻发布会的举办现场预备一些可强化会议效果的形象化视听材料，例如，图表、照片、实物、模型、光盘、录音、录像、幻灯等，以供与会者利用。

6. 发送请柬

请柬应提前一两周发出，重要宾客的请柬要专门安排人员送达。

7. 准备胸卡和名签

会议主办单位应为每位出席者准备在胸前佩戴的写有姓名和职务等内容的胸卡，另外还要安排好座位，特别要注意安排主席台上嘉宾和主要人物的座位，并在其座位的正前方放名签。

8. 准备好视听设备

会前应检查扩音设备、录音设备及幻灯设备等，最好在会议开始前一个小时再检查一遍，保证不出现故障。

9. 制订预算计划

预算计划要根据新闻发布会的规模来制订。通常包括的费用项目有：印刷品费用、邮费；租用会场费；租用音像器材费；茶点费和餐费；照相费；签到留言簿费；礼品费；请柬费；来宾及工作人员交通费、住宿费；会场布置费等。

预算计划应留有余地，以备不时之需。

(二) 媒体的邀请

在新闻发布会上，主办单位的交往对象是新闻界人士。

选择邀请新闻界人士时，首先出席发布会的记者应讲究少而精。

其次考虑应当邀请哪些方面的新闻界人士参加。不同的发布会有不同的侧重点。一般而言，宣布某一消息时，尤其是为了扩大影响、提高本单位的知名度时，邀请新闻单位通常多多益善；而在说明某一活动、解释某一事件时，特别是当本单位处于守势时，邀请新闻单位的面则不宜过宽。不论是邀请一家还是数家新闻单位参加新闻发布会，主办单位都要尽可能地优先邀请那些影响力巨大、主持正义、报道公正、口碑良好的新闻单位到场。

（三）现场的应酬

要确保新闻发布会的顺利进行，特别要求主持人、发言人在新闻发布会举行之际牢记下述几个要点。

1. 要注重外表

在新闻发布会上，代表主办单位出场的主持人、发言人，是被新闻界人士视为主办单位的化身和代言人的。有鉴于此，主持人、发言人对自己的外表，尤其是仪容、服饰、举止，一定要事先进行认真地修饰。

按惯例，主持人、发言人要进行必要的化妆，并且以化淡妆为主。发型应当庄重而大方，一般不宜佩戴首饰。服装必须干净、挺括，男士宜穿深色西装、白色衬衫、黑袜黑鞋，并且打领带，女士则宜穿单色套裙、肉色丝袜、高跟皮鞋。在面对新闻界人士时，主持人、发言人都要注意做到举止自然而大方，面带微笑，目光炯炯，表情松弛，坐姿端正。

2. 要注意相互的配合

要真正做好相互配合，一是分工明确，二是彼此支持。

主持人主要是主持会议、引导提问，发言人则主要是做主旨发言、答复提问。若发言人不止一人，事先必须进行内部分工，各管一段。一般来讲，发言人的现场发言应分为两个部分，首先进行主旨发言，接下来才回答疑问。当数名发言人到场时，只需一人进行主旨发言即可。

在新闻发布会上，主持人、发言人要彼此支持，保持一致的口径，不允许公开顶牛、相互拆台。当新闻界人士提出的某些问题过于尖锐或难以回答时，主持人要设法转移话题，不使发言人难堪。而当主持人邀请某位新闻记者提问之后，发言人一般要给予对方适当的回答。

3. 要注意讲话的分寸

首先，要简明扼要。不管是发言还是答问，都要条理清楚、重点集中，令人既一听就懂又难以忘怀。

其次，要提供新闻。既然是新闻发布会，自然就要有新闻发布，新闻界人士就是特意为此而来的。所以，在不违法、不泄密的前提下，要善于满足对方在这一方面的要求，要在讲话中善于表达自己的独到见解。

再次，要生动灵活。在讲话之际，讲话者的语言是否生动、反应是否灵活，往往直接影响到现场的气氛。面对冷场或者冲突爆发在即，讲话者生动而灵活的语言往往可以化险为夷。因此，适当地采用一些幽默风趣的语言、巧妙的典故，也是必不可少的。

最后，要温文尔雅。新闻记者大都见多识广，又是有备而来，所以他们在新闻发布会上经常会提出一些尖锐而棘手的问题。遇到这种情况时，发言人能答则答，不能答则应当巧妙地进行回避或是直接告知无可奉告。唯有语言谦恭敬人、机敏灵活，才会不辱使命。

（四）善后事宜

新闻发布会举行完毕之后，主办单位需在一定的时间之内对其进行一次认真的评估善后工作。

1. 要了解新闻界的反应

发布会结束之后，应对照现场所使用的来宾签到簿与来宾邀请名单，核查一下新闻界人士的到会情况，据此可大致推断出新闻界对本单位的重视程度。

2. 要整理保存会议资料

需要主办单位认真整理保存的新闻发布会的有关资料，大致可以分为两类：一类是会议自身的图文资料及声像资料，包括在会议进行过程中所使用的一切文件、图表、录音、录像等；另一类则是新闻媒介有关会议报道的资料，主要包括在电视、网媒、报纸、广播、杂志上所公开发表的涉及此次新闻发布会的消息、通讯、评论、图片等。具体可以分为有利报道、不利报道、中性报道三类。

3. 要酌情采取补救措施

在听取了与会者的意见和建议，总结了会议的举办经验，收集、研究了新闻界对于会议的相关报道之后，对于失误、过错或误导要主动采取一些必要的对策。对于在新闻发布会之后出现的不利报道，特别要注意具体分析、具体对待。

发布会后出现的不利报道及其对策

不利报道一般有三类：一是事实准确的批评性报道，二是因误解而出现的失实性报道，三是有意歪曲事实的敌视性报道。对于批评性报道，主办单位应当闻过即改，虚心接受。对于失实性报道，主办单位应通过适当途径加以解释，消除误解。对于敌视性报道，主办单位则应在讲究策略、方式的前提下据理力争，尽量为自己挽回声誉。

六 展览会礼仪

展览会礼仪指在组织、参加展览会时所应当遵循的规范与惯例。

（一）准备阶段

（1）确定展览会的主题、目的和类型。

（2）根据交通情况、服务设施情况和天气情况等确定展览会的时间和地点。

（3）根据组织实际情况制定展览会经费预算。

（4）准备展览会的有关文字资料、图片资料、音像资料、实物、模型、宣传材料等，并进行布置。

（5）培训工作人员，如接待员、讲解员、操作演示员及其他有关人员等。

（6）成立专门对外发布新闻的机构，安排好新闻报道工作。

（7）准备展览会的辅助设备，做好相关服务工作，如文书业务、邮电通信、交通运输、安全保卫、停车场、餐饮场所、业务洽谈室等。

（二）展览阶段

（1）做好接待和解说工作，热情耐心地解答每位参观者提出的问题，并向参观者发放宣传材料或纪念品。

（2）利用新闻媒体扩大展览会的影响。

（三）结束阶段

（1）收集新闻媒体等各方面对展览会的报道与评价。

（2）分析反馈信息，总结经验。

（3）写出书面报告，以备查考。

（四）展览会的布展工作

1. 布展的内容

（1）展位的合理分配。

（2）文字、图表、模型与实物的拼接组装。

（3）灯光、音响、饰件的安装。

（4）展板、展台、展厅的设计与装潢等。

2. 布展的基本要求

展出的物品应合理搭配，互相衬托，有效地烘托展览会的主题。

3. 展台及展品布置规范

（1）在限定时间内将道具、展品、说明等放在展台内最合适的位置。

（2）展台布置的根本出发点：以参观者的感受为核心，从参观者的角度去构思和布局。

（3）展台的具体布置要考虑色彩、照明、造型等特殊视觉效果。

（4）展台的搭建有两种方式：一是直接装卸式展台，即按搭建日期把卡车直接开到展厅里，由展览会搬运商负责搭台、卸货；二是参展商利用会场现有展台，自行卸货，卸货时可租用现场的器械，如叉式装卸机和手动小起重车等。

（5）对展品的要求：外观上要力求完美无缺，质量上要优中选优，陈列上既整齐美观，又讲究主次。

（6）展品的布置要突出主题。可利用各种手法，如以聚光灯烘托高档商品，用大屏幕演示产品的生产，使产品处于工作状态等。

（五）参加展览会的礼仪

1. 努力维护整体形象

在参与展览时，参展单位的整体形象主要由展示物的形象与工作人员的形象两个部分所构成。对二者要给予同等的重视，不可偏废其一。

（1）展示物的形象。它主要由展品的外观、展品的质量、展品的陈列、展位的布置、发放的资料等构成。说明材料与单位名片应常备于展台上。

（2）工作人员的形象。它主要指在展位上的工作人员的穿着打扮。工作人员应统一着装。最佳

的选择是身穿本单位的制服或者是穿深色的西装、套裙。在大型的展览会上，参展单位若安排专人迎送宾客，最好身穿色彩鲜艳的单色旗袍，并胸披写有参展单位或其主打展品名称的大红色绶带。为了说明各自的身份，全体工作人员皆应在左胸佩戴标明本人单位、职务、姓名和有本人彩照的胸卡，唯有礼仪小姐可以例外。工作人员不应佩戴首饰。男士应当剃须，女士最好化淡妆。

2. 要时时注意待人礼貌

展览一旦正式开始，全体参展单位的工作人员即应各就各位，站立迎宾。不允许迟到、早退，无故脱岗、东游西逛，更不允许在观众到来之时坐、卧不起，怠慢对方。

3. 要善于运用解说技巧

（1）解说人员要熟悉有关单位和产品的基本情况，了解有关资料，以便在解说时能够应对自如。

（2）要因人而异，使解说具有针对性。同时，要突出展品的特色。在必要时可邀请观众亲自动手操作，或由工作人员进行现场示范。此外，还可安排观众观看与展品相关的影视片，并向其提供说明材料与单位名片。通常，说明材料与单位名片应常备于展台之上，由观众自取。

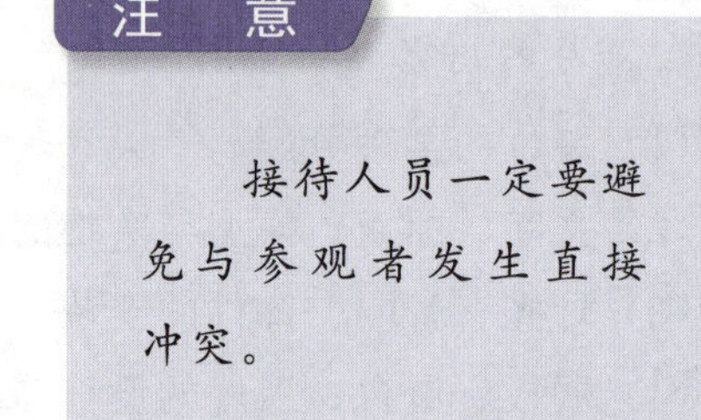
注 意

接待人员一定要避免与参观者发生直接冲突。

（3）当观众在本单位的展位上进行参观时，工作人员可随行其后，以备对方向自己进行咨询；也可以请其自便，不加干扰。观众较多或是在接待组团而来的观众时，工作人员亦可在左前方引导对方进行参观。对于观众所提出的问题，工作人员要认真回答。当观众离去时，工作人员应当真诚地向对方欠身施礼，并道以“谢谢光临”或是“再见”。

七 茶话会礼仪

茶话会在商界主要是指意在联络老朋友、结交新朋友，具有对外联络和进行招待性质的社交性集会。茶话会是以茶待客，以茶会友，会上备有茶点，故此称为茶话会，有时也简称茶会。茶话会礼仪，在商务礼仪之中特指有关单位召开茶话会时所应遵守的礼仪规范。其具体内容如下。

（一）确定会议的主题

茶话会的主题指茶话会的中心议题，大致可分为如下三类。

1. 以联谊为主题

即为了联络主办单位同应邀与会的社会各界人士的友谊而举办的茶话会。在这类茶话会上，与会者可以不拘形式地自由发言，宾主叙旧、答谢，增进了解，密切关系。同时，它还为与会的社会各界人士提供了一个扩大社交圈的良好契机。

2. 以娱乐为主题

在这类茶话会上往往会安排一些文娱节目或文娱活动，所安排的文艺节目或文娱活动不需事先安排和排练，而是现场发挥、即兴演出，因而热闹、喜庆。

3. 以专题为主题

即指在某一特定的时刻或为了某些专门的问题而召开的茶话会。在这类茶话会上，主办单位就某一专门问题收集意见，听取某些专业人士的见解或者是同某些与本单位存在特定关系的人士进行对话。

（二）确定会议的来宾

茶话会的与会者，除主办单位的会务人员之外，即为来宾。根据茶话会的主要与会者的不同，茶话会大体上可分为下列五种情况。

1. 以本单位的人士为主

主要是邀请本单位的各方面代表参加，意在沟通信息、通报情况、听取建议、嘉勉先进、总结工作。有时，亦可邀请本单位的全体员工或某一部门、某一阶层的人士参加。这类茶话会也叫作内部茶话会。

2. 以本单位的顾问为主

这类人员主要指有助于本单位发展的各位专家、学者、教授等。邀请他们与会，既表明对他们的尊敬与重视，也可以直接向其咨询，听取其建议。

3. 以社会上的贤达为主

社会贤达，作为知名人士，不仅在社会上具有一定的影响力、号召力和社会威望，而且往往是某一方面的代言人。举办这类茶话会，可使本单位与社会贤达直接进行交流，加深对方对本单位的了解与好感，并可倾听社会各界对本单位的意见。

4. 以合作中的伙伴为主

所谓合作中的伙伴，除了自己的协作者之外，还应包括与本单位存在供、产、销等其他关系者。这类茶话会重在向与会者表达谢意，加深彼此之间的了解与信任。

5. 以各方面的人士为主

其邀请对象为各行各业、各个方面的人士，因而又叫综合茶话会。举办这种茶话会，除了可供主办单位传递必要的信息外，还可为与会者创造一个扩大个人交际面的社交机会。

茶话会的与会者名单一经确定，应立即以请柬的形式向对方提出正式邀请。请柬通常应在半个月之前送给或寄给被邀请者，被邀请者对此可以不必答复。

（三）选择茶话会的时间和地点

1. 确定举行茶话会的时间

（1）茶话会举行的时机。通常认为，辞旧迎新之时、周年庆典之际、重大决策前后、遭遇危难挫折之时等，都是商界单位酌情召开茶话会的良机。

（2）茶话会举行的时间。根据国际惯例，举行茶话会的最佳时间是下午 4 时左右，有些时候亦可将其安排在上午 10 时左右。当然，还要考虑与会者尤其是主要与会者是否方便以及当地人的生活习惯。

（3）茶话会时间的长度。一次成功的茶话会大都讲究适可而止。在一般情况下，若是将其限定在一小时至两小时之内，效果往往会较好。

2. 茶话会举办场地的选择

按照惯例，适宜举行茶话会的场地主要有：主办单位的会议厅；宾馆的多功能厅；主办单位负责人的私家客厅；主办单位负责人的私家庭院或露天花园；高档的营业性茶楼或茶室。餐厅、歌厅、酒吧等处，均不宜用来举办茶话会。

在选择举行茶话会的具体场地时，还需兼顾与会人数、支出费用、周边环境、交通安全、服务质量、档次名声等问题。

（四）会议的座次安排

在安排茶话会座次时，主要采取以下四种办法。

1. 环绕式

所谓环绕式排位，指的是不设立主席台而将座椅、沙发、茶几摆放在会场的四周，不明确座次的具体尊卑，听任与会者在入场之后自由就座。这一安排座次的方式与茶话会的主题最相符，因而在当前最为流行。

2. 散座式

所谓散座式排位，多见于举行于室外的茶话会。座椅、沙发、茶几的摆放可以散乱无序，自由组合，甚至可由与会者根据个人要求而自行调节，随意安置。其目的就是营造出一种宽松、舒适、惬意的社交环境。

3. 圆桌式

圆桌式排位，指的是在会场上摆放圆桌，请与会者在其周围自由就座的一种安排座次的方式。在茶话会上，圆桌式排位通常又分为下列两种具体的方式：一是仅在会场中央安放一张大型的椭圆形会议桌，请全体与会者在其周围就座；二是在会场上安放数张圆桌，请与会者自由组合，选择就座。当与会者人数较少时，可采用前者；当与会者人数较多时，则应采用后者。

4. 主席式

在茶话会上，主席式排位并不意味着要在会场上摆放一目了然的主席台，而是指在会场上，主持人、主人与主宾应被有意识地安排在一起就座，并且按照常规居于上座之处，如中央、前排、会标之下或是面对正门之处。

小贴士

为了使与会者畅所欲言，便于交际，茶话会上座次的尊卑安排不宜过于明显。不排座次，允许自由活动，不摆与会者的名签，是最常见的做法。

（五）茶点的准备

1. 精心准备待客的茶叶与茶具

选择茶叶时，应尽量挑选上等品。与此同时，要注意照顾与会者的不同口味。对中国人来说，绿茶老少咸宜。对欧美人而言，红茶则更受欢迎。

选择茶具时，最好选用陶瓷器皿，并且讲究茶杯、茶碗、茶壶成套，千万不要采用玻璃杯、塑料杯、搪瓷杯、不锈钢杯或纸杯，也不要用热水瓶来代替茶壶。所有茶具一定要清洗干净，完整无损。

2. 略备点心、水果或是地方风味小吃

在茶话会上向与会者供应的点心、水果或地方风味小吃，品种要对路，数量要充足，并且要便于取食。

按惯例，在茶话会举行之后，主办单位通常不再为与会者备餐。

（六）茶话会的议程

（1）主持人宣布茶话会正式开始，并对主要的与会者略加介绍。

（2）主办单位的主要负责人讲话。应以阐明此次茶话会的主题为中心内容，代表主办单位对与会者的到来表示欢迎与感谢，并且恳请大家今后一如既往地给予支持和理解。

（3）与会者发言。这是茶话会的主要内容。主办单位事先均不对发言者进行指定与排序，也不限制发言的具体时间，而是提倡与会者自由地进行即兴式的发言。

（4）主持人略作总结，随后即可宣布茶话会至此结束。

（七）现场的发言

欲使现场发言成功，主持人引导得法和与会者发言得体就显得尤为重要。

在茶话会上，主持人所起的作用不止于主持会议，更重要的是能够在现场审时度势，因势利导地引导与会者的发言，并且有力地控制会议的全局。在每位与会者发言之前，主持人可对其略作介绍。在其发言的前后，主持人应带头鼓掌致意。万一有人发言严重跑题或言辞不当，主持人还应出面转换话题。

与会者在茶话会上发言时，表现必须得体。在要求发言时，可举手示意，但同时要注意谦让，不要与人进行争抢。不论自己有何高见，打断他人的发言都是失当的行为。发言者要语速适中，口齿清晰，神态自然，用语文明。肯定成绩时，要实事求是；提出批评时，要态度友善。对不同意见，不要当场表示不满，或是进行人身攻击。

第四节　商务通信

一　商务电话的礼仪

（一）拨打电话的礼仪

日常工作中拨打电话给别人的人称为发话人。对于发话人而言，有下列四点基本礼仪必须遵守。

1. 选择通话的时机

（1）不要在他人休息时打电话。每日上午 7 时之前、晚上 10 时之后、午休时间和用餐时间，都不宜打电话。

（2）给海外人士打电话，先要了解时差，千万不能在休息时间骚扰人家。

（3）打公务电话，不要占用他人的私人时间，尤其是节假日时间。

（4）避开对方的通话高峰时间、业务繁忙时间、生理厌倦时间，社交电话最好在工作之余拨打。

2. 注意长话短说

通话时间一般应遵守通话“三分钟原则”。所谓“三分钟原则”，是指在打电话时，发话人应当自觉地、有意识地将每次通话的时间限定在3min之内，尽量不要超过这一限定。对通话时间的基本要求是：以短为佳，宁短勿长。不是十分重要、紧急、烦琐的事务，通话时间一般不宜超长。

3. 斟酌通话内容

（1）事先准备。通话之前应做好充分准备。最好把通话要点列出来，这样可以避免出现现说现想、缺少条理、丢三落四的问题。

（2）简明扼要。电话接通后，除先要问候对方外，别忘记自报单位、职务、姓名。请人接转电话，要向对方致谢。电话中讲话一定要务实。通话时，最忌讳说话吞吞吐吐、含混不清、东拉西扯，寒暄后就应直奔主题，力戒讲空话、说废话、无话找话和短话长说。

拨打电话的“开始曲”

（1）致以问候。

（2）自报单位、职务、姓名。

（3）感谢代接代转之人。

（3）适可而止。若要讲的话已说完，就应果断地终止通话。不要话已讲完依旧反复铺陈、再三絮叨，那样的话，会让人觉得做事拖拖拉拉，缺少素养。按电话礼仪，一般应该由通话双方中位高者终止通话。

4. 注意举止

（1）打电话时，不要把话筒夹在脖子下，也不要趴着、仰着或坐在桌角，更不要把双腿高架在桌子上打电话或一边走一边打电话。

（2）不要以笔代手去拨号。

（3）通话时嗓门不要过高，免得令对方觉得“震耳欲聋”。

（4）话筒与嘴的距离保持在3cm左右。

（5）挂电话时应轻放话筒，不要用力一摔，令对方误会你有所不满。

（6）不要骂骂咧咧，更不要采用粗暴的举动拿电话机撒气。

（二）接听电话的礼仪

1. 接听及时

（1）电话铃声响起后，应尽快予以接听。

（2）不要让别人代劳，尤其不要让小孩子代接电话。

（3）不要铃声才响过一次就拿起听筒，这样会令对方觉得突然而且容易掉线。

(4) 若电话铃响了许久才接电话，要在通话之初向对方表示歉意。

(5) 最好铃响两次后拿起话筒。

2. 礼貌应答

(1) 拿起话筒后，即应自报家门，并首先向对方问好。

(2) 通话时要聚精会神，语气应谦恭友好。不要拿腔拿调，戏弄嘲讽对方。

(3) 通话终止时，要向对方道一声“再见”。

(4) 接到误拨进来的电话，要耐心地告诉对方拨错电话了，不能冷冷地说“打错了”就把电话用力挂上。

(5) 接电话不能发怒，恶语相加，甚至出口伤人。

(6) 通话因故暂时中断后，要耐心等候对方再拨进来。

3. 分清主次

(1) 接听电话时不要与其他人交谈，也不能边听电话边看文件、看电视甚至是吃东西。

(2) 在会晤重要客人或举行会议期间有人打来电话，可向其说明原因，表示歉意，并承诺稍后再联系。

(3) 接听电话时，千万不要不理睬另一个打进来的电话。可对正在通话的一方说明原因，要其稍候片刻，然后立即去接另一个电话。待接通之后，先请对方稍候，或让其过一会儿再打进来，随后再继续方才正打的电话。

(4) 不论多忙多累，都不能拔下电话线。

总之，接听电话时应注意三点：其一，要及时，铃响不过三声；其二，要礼貌，要自报家门并问候对方；其三，要耐心，对打错电话者不要训斥。

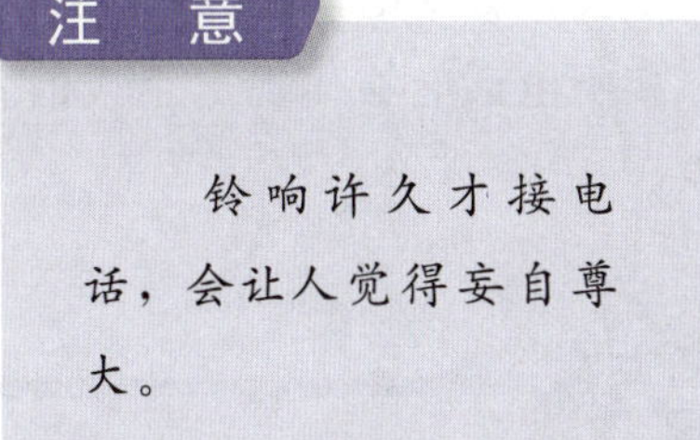

(三) 其他常规的电话礼仪

除了拨打和接听电话时要遵守的基本礼仪之外，在日常商务交往中，还有一些常规的电话应对礼仪需要注意。

1. 重点情节要重复

在商务交往中接听重要电话时，需要对重点进行必要的重复。不论自己是否进行现场笔录，都需要把对方传递给自己的一些重要的信息如商品的规格、具体的数量、销售的价格等加以重复，以免出现记忆性错误，这是非常重要的。一定要养成在重要的商务场合重复重点通话内容的习惯。

2. 电话掉线要迅速再拨

通话时出现话音不清楚或掉线状态时要及时中断，并尽快向对方拨打，同时说明电话之所以中断是为了避免声音不清晰，有碍接听或者是电话临时跳线所致，否则有自己向对方示威耍脾气之嫌。

3. 代接电话

在工作场合接听外来电话时，有的时候会出现这样的问题：外来电话需要找的人不在，自己成为电话的代接者。代接、代转电话时，要注意以礼相待、尊重隐私、记忆准确、传达及时。

(1) 以礼相待。接电话时，不要因为对方所找的人不是自己就显得不耐烦，以“不在”来打发对方。即使被找的人真的不在，也应友好地答复：“对不起，他不在，需要我转告什么吗?”

（2）尊重隐私。代接电话时，不要询问对方与其所找之人的关系；如果对方要找的人离自己较远，不要大喊大叫；别人通话时，不要旁听，不要插嘴；当对方希望转达某事给某人时，千万不要把此事随意扩散。

（3）记忆准确。对方要找的人不在时，应向其说明后询问对方是否需要代为转达。如对方有此请求时应照办。对对方要求转达的重要内容，最好做好笔录。对方讲完后，应重复验证一遍，以免误事。记录内容主要包括通话者的单位和姓名、通话时间、通话要点、是否要求回电话、回电话的具体时间等。

（4）传达及时。代接电话时，先要弄清楚对方“是谁”“找谁”这两个问题。对方不愿回答第一个问题，不必勉强。若对方要找的人不在，可据实相告，然后再询问对方“有什么事情”。注意，这两者的先后次序不能颠倒。若对方所找的人在，应立即去找。若答应对方代为传话，就要尽快落实，不要把自己代人转达的内容又托他人转告。

4. 录音电话

使用录音电话的要点有以下两个：

（1）掌握留言要领。使用录音电话，就要制作一段本人的留言。留言的常规内容包括：电话机主的单位、姓名，问候语、致歉语，请对方留言的原因，对打来电话者的请求。

（2）正确处理来电。人际交往中，使用录音电话与人们面对面的交际一样，要求言而有信。在处理录音电话时，应注意以下问题：尽量少用录音电话，人在家中就不要使用录音电话；应当立即处理或答复录音来电；耽误了回复的，要及时道歉。

接听电话能够体现出个人的礼仪修养，因此，应力争通过话筒在对方心目中树立良好的商务形象。

使工作顺利的电话技巧

（1）迟到、请假时自己打电话致歉。

（2）外出办事，随时与单位联系并告知去处及联系电话。

（3）用传真机传送文件后，以电话确认对方是否收到。

（4）同事的私人电话号码不要轻易告诉别人。

（5）借用别家单位电话，通话不要超过 10min。遇特殊情况必须长时间接打电话时，应先征得对方的同意和谅解。

（四）使用手机的礼仪

使用手机时，更应讲究礼仪。

1. 手机的携带

携带手机时，应将其放在适当的位置。总的原则是既要方便使用，又要合乎礼仪。

（1）常规位置。可以放在随身携带的公文包之内，也可以放在上衣口袋之内，尤其是上衣内袋之内，但注意不要影响衣服的整体外观，把手机挂在脖子上、腰上、手上或握在手上，均不雅观。可能的话，应把它放在手袋或口袋内。

（2）暂放位置。不方便把手机放在常规的位置时，可以暂做变通。在参加会议时，可将其暂交会务人员代管。与人坐在一起交谈时，可将其暂放在手边、身旁、背后等不起眼之处。

2. 使用手机的禁忌

使用手机可以方便交际联络，但是一定要严格遵守使用规则，否则就会有损自己的形象。

（1）遵守公共秩序。使用手机时，绝对不允许扰乱公共秩序，给公众带来“听觉污染”。

不应在公共场合尤其是楼梯、电梯、路口、人行道等人来人往之处旁若无人地使用手机。

不得在要求“保持安静”的公共场所，如音乐厅、美术馆、影剧院，动不动就用大嗓门对着手机喊叫。必要时，应关机或让其处于静音状态。

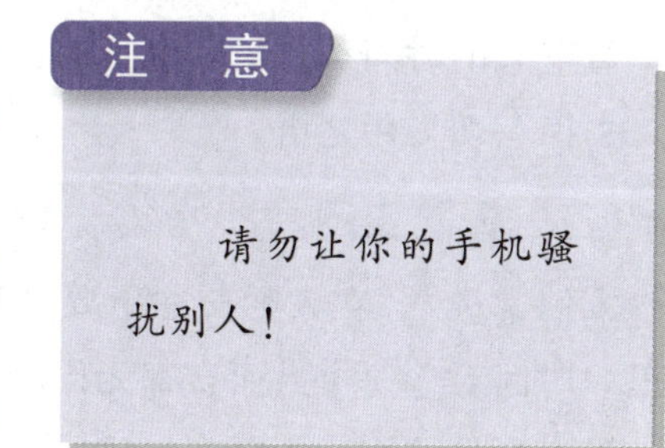

不允许在上班期间，尤其是在办公室、车间里，因私使用自己的手机。

会见等商务场合中不能当众使用手机，以免给别人留下用心不专、不懂礼节的坏印象。

（2）注意安全。手机的使用会分散人们对别的事情的注意力，它本身还会产生电磁波，因此，使用手机时必须牢记安全准则。

①在驾驶汽车的时候，不要使用手机通话或是查看短信息。

②不要在加油站、面粉厂、油库等处使用手机，避免它所发出的信号引发火灾、爆炸。

③不要在病房内使用手机，以免其信号干扰医疗仪器的正常运行，或者影响病人休息。

④不要在飞机飞行期间启用手机，以免给航班带来危险。

⑤涉及商业秘密、国家安全的事项最好不要通过手机传达，因为手机容易出现信息泄露。

二　商务电子邮件的礼仪

利用电子邮件这个通路，既可以实现一对一的通信，也可以实现一对多、多对多的通信。例如，公司管理者可以向某个个体传递信息，也可以向某个群体发送会议通知、备忘录等。电子邮件的其他功能还包括转发邮件、建立新闻组、订阅电子刊物等。在所有通信手段里，电子邮件可谓后起之秀。其在问世之后的短短几年里，就获得了突飞猛进的发展。特别是在商务活动中，电子邮件业已成为一种越来越重要的对外联络方式。使用电子邮件同外界进行联络，不仅安全保密、节省时间、丢失率低、清晰度高、不受篇幅限制，而且可以大大地降低通信费用。

在使用电子邮件时，商务人员应当遵守的礼仪规范集中体现在以下四个方面。

（一）精心撰写

向他人发出的电子邮件一定要缜密构思，精心撰写，认真遵守“用笔沟通”的常规。千万不要认为此刻可以无所顾忌，随心所欲。撰写电子邮件时自由放任、过于随便，是既不尊重收件人也不尊重自己的表现。精心撰写电子邮件，要注意做到以下三点。

1. 主题明确

一封电子邮件大都应当只有一个主题，并且应在邮件前面加以注明。发件人若是将主题归纳得当，收件人便可以一目了然、迅速处理了。

2. 语言流畅

电子邮件要做到便于阅读，就必须以语言流畅为要。撰写时，尽量不要使用生僻字、异体字或者收件人不懂的语种。如果需要引用数据、资料，则最好注明其具体出处，以供收件人在必要时进行核对。

3. 内容简短

每个人的时间都是极其宝贵的，因此，发件人在撰写电子邮件时一定要注意删繁就简，抓住要点，去掉一切无用之语。

(二) 谨防滥用

人们常说："在人际交往中要真正懂得尊重一个人，首先就要懂得替对方节约时间。"在信息社会里，时间对于每个人而言都无比珍贵。有鉴于此，商务人员不宜任意向别人滥发电子邮件。

没有特殊原因，不要在短短的时间里多次给同一个人发电子邮件。最好不要利用电子邮件来来往往地跟别人聊天，特别是不宜主动这么做。

(三) 循礼行礼

在收发电子邮件的过程中，商务人员始终都要讲究礼仪、运用礼仪、非礼勿行。

1. 注意自爱

发出电子信件时，最好不要匿名。一般而言，在每一封电子邮件的末尾不仅应当署名，而且应当署以真名实姓。在与他人进行电子邮件的往来时，不论双方是否相识，都不要口出轻狂、污秽、放肆之言。

2. 严禁盗取

在任何情况下，都不允许商务人员不讲究"网德"，充当"黑客"，随意侵入别人的网站，擅自盗取别人的资料，偷窥别人的私人电子邮件。

3. 及时回复

商务人员应当养成定期检查本人电子信箱的习惯。一经发现需要回复的电子邮件，应尽快回复。实在无法立即回复的，也要及时有所表示。

4. 适时留言

假如外出实习、出差或者探亲、度假，事先可商请某位至交代替自己核收电子信件，并且代为回复。启动自动回答功能或在电子信箱里留言告知电子邮件发出者亦可。

(四) 慎选功能

收发电子邮件，既要注意正确地利用它的各项功能，又要防止滥用功能、故弄玄虚。

当前市场上所提供的各类先进的电子邮件软件一般有多种字体备用，甚至还有各式各样的信纸可供使用者选择。利用这些功能固然可以强化电子邮件的个人特色，但大可不必过分地讲究形式。这主要是出于两个方面的考虑：一方面，对一封电子邮件修饰、润色过多，往往会使其容量增大，收发时间增长，既浪费时间和金钱，又使人感觉其华而不实。另一方面，电子邮件收件人所使用的软件并不一定能够支持上述种种功能。这样一来，收件人所收到的那个电子邮件极有可能会变得面目全非，大大地背离了发件人的初衷，从而使发件人前功尽弃。

第五节 商务宴请

从事商务活动，常常要参加各种宴请。为使宴请与聚会达到增进友谊的目的，不同国家、不同地区均有自己的宴请礼节。因此，商务人员必须高度重视商务宴请礼仪。

一 宴请的种类与形式

根据宴请的目的、出席人员的身份和出席人数的多少，可将宴请分为宴会、招待会、茶会和工作餐等。

（一）宴会

宴会是较为隆重的正餐，可分别在早上、中午、晚上举行，其中以晚宴最为隆重。宴会通常有下列几种形式。

1. 国宴

国宴即本国国家元首或政府首脑举办的国家庆典宴会，来访的外国元首或政府首脑也可举办，这是规格最高的宴会。宴会厅须悬挂主客两国国旗，宾主入席后乐队奏两国国歌，主人和主宾先后发表讲话或致祝酒词，奏席间音乐。

2. 正式宴会

与国宴相比，除不挂国旗、不奏国歌、出席者级别不同外，其余相同。有的安排乐队演奏席间音乐，场面亦十分讲究。请柬上往往注明服饰要求。正式宴会对餐具、酒水、菜肴道数、陈设以及服务人员的装束、仪态及服务，都有严格要求。

3. 便宴

便宴是非正式的宴会。常见的有午宴、晚宴，亦有个别的早宴，形式简便。一般不明确座位，不做正式讲话，菜肴道数相应酌减。便宴的气氛随意、亲切。

4. 家宴

家宴即在自己家中设宴招待亲朋好友。家宴往往由主妇亲自掌勺，全家人共同招待，显得亲切、友好。家宴既可用于亲友聚会，也可用于官方与业务宴请。此种宴会在上午、下午均可举行，请柬上须注明时间。

5. 自助宴

自助宴的优点在于：不必排座次，免除宾客排位之麻烦；人数不受拘束；主方可节省服务人力；客人进餐有先有后，来去不受约束。

（二）招待会

招待会是只备一些食品和饮料，不备正餐、不安排座次的一种较为自由的宴请方式，常见的有冷餐会与酒会两种。

1. 冷餐会

菜肴以冷食为主，还可备一些沙拉、奶酪和甜食。

冷餐会不排座位，客人或坐或站，自由取用菜肴、酒水，便于交际和交谈。

2. 酒会

时间经常定在下午 4 时以后。这种宴会多用于大型活动，招待以酒和饮料为主，略备小吃、小菜，不设座椅，仅摆桌子、茶几。酒水常为用多种酒按一定比例混合成的鸡尾酒，有时也用品种众多的酒代替，并配以果汁饮料。客人可随意走动，便于广泛的接触和交谈，同时来去自由，不受约束。

（三）茶会

这是一种简便的招待形式，又称茶话会，具体内容前已有述，此不赘言。

（四）工作餐

这是商务活动中常用的非正式宴请形式，有的要求参加者各自付费。工作餐一般只请宾客本人，不请其配偶以及其他与工作无关的人员。双边或多边的工作宴会，往往按参加者职务的高低安排席位。

举行何种宴请，主要取决于当地的习惯。通常正式宴会规格高，但人数不宜过多。冷餐会与酒会则形式简便，不限人数。而女士的聚会多采用茶会这种形式。由于宴请的种类不同，宴请的组织安排工作也就有所不同。工作餐的组织安排较简单。

二 宴请礼仪

在商务交往中，宴请客人的问题往往备受重视，从宴请的规模和规格、宴请的档次、参加的人员、邀请的函件到宴会的具体安排都有一定之规，具体来说就是要遵守 5M 原则。5M 原则是指在商务交往中安排宴会时有五大基本问题需要兼顾，因这五个基本问题的英文第一个字母都是 M，所以称为 5M 原则。

（一）约会（Meeting）

要特别注意约会的时间与对象。

1. 宴请对象

邀请宴请对象时，一要考虑邀请哪些人出席，二要考虑请多少人出席。范围过大，造成浪费，范围太小，则会得罪某些人。总的原则是在照顾各方面关系的前提下，尽量控制范围，减少人数。

2. 宴请的时间

确定宴请时间前，最好先征求客人的意见，选择主、宾双方都适宜的时间，以示尊重。主要应注意以下事项：

（1）不要选择对方工作繁忙的时间。

（2）涉外宴请还应避开对方国内重大节假日。

（3）避开禁忌日。如西方国家忌讳“13”，特别是恰逢13日的星期五。

（4）给对方宽裕的准备时间，以便其安排好各方面的工作。

（5）特定的节日、纪念日的宴请，只能在节日、纪念日之前或当日举行，不能拖到节日、纪念日之后。

（二）环境（Media）

恰当选择宴请地点，体现着主人对宴请的重视程度。宴请地点可依据宴请目的、规模、形式和经费来确定。通常应选择环境幽雅、卫生方便、服务优良、管理规范的饭店或宾馆。落实宴请地点时应注意：

（1）按客人人数确定宴请地点。客人多，在大宾馆；客人少，则可在小酒楼。

（2）按宴请类型确定宴请地点。宴会可安排在饭店、宾馆里，冷餐会、酒会则可安排在大厅或花园。

（3）宾主熟悉程度、关系深浅也是选择宴会地点的依据。

（4）注意按来宾的意愿和地方特色选择宴请地点。

（5）可以选择负有盛名的老字号或名酒家。

（6）尽可能选择举办者熟悉的、有声誉的饭店或宾馆。

（三）费用（Money）

在费用的使用上，既要热情待客，又要量力而行，反对浪费。商务交往既要有档次，强调宴请内容的少而精，又要避免大吃大喝、铺张浪费。

（四）菜单（Menu）

在菜单的安排方面关键是要了解客人尤其是主宾的个人禁忌、民族禁忌与宗教禁忌，而不是问之爱吃什么。具体安排菜单时，既要照顾客人口味，又要体现特色与文化。具体应注意的事项有：

（1）应考虑开支的标准，做到丰俭得当。

（2）宴席的菜单应冷热搭配、荤素适当、有主有次。

（3）菜单以营养丰富、味道多样为原则。

（4）略备些家常菜，以调剂客人口味。

（5）晚宴比午宴、早宴要隆重，所以菜的种类也应丰富一些。

（6）考虑季节，菜肴应时、鲜、特，如春吃鲥鱼秋吃蟹。

小贴士

西餐用酒的讲究

西餐用酒讲究酒和菜要相配，考究的话，整个宴会要用好几种酒。

洋酒按色泽分为红酒、白酒、玫瑰色酒；按性质分为低度酒、高度酒；按甜度分为甜酒、中性酒、无甜味酒。一般酒性愈小，所用的酒杯愈大，例如，香槟酒杯>红葡萄酒杯>白葡萄酒杯>雪利酒杯>波尔图酒杯>烈性甜酒杯。

搭配洋酒和西式菜肴时要注意：

（1）吃羹汤时，用雪利酒。

（2）吃鱼、海鲜时，用无甜味白葡萄酒。

（3）吃肥腻的牛羊肉、野味时，用高度红葡萄酒，最常用的是白兰地酒。

（4）吃禽类肉食时，用低度红葡萄酒、中性无甜味白葡萄酒或玫瑰葡萄酒。

（5）吃奶酪时，用红葡萄酒、波尔图酒。

（6）甜味白葡萄酒或香槟酒可以和布丁一起上桌。

（五）举止（Manner）

在餐桌上，宾主均应举止优雅、文明、规范。

1. 礼貌入席

（1）先入席的应是主人夫妇与主宾夫妇，然后依次为其他宾客及陪客人员。

（2）当长辈、女性入座时，晚辈、男性应走上前去将他们的座椅稍向后撤，待他们要坐下时，轻轻将椅子向前推一点，待其坐稳后再离开。

（3）一般应从自己行进方向的左侧入座。

（4）同桌的女士、长者、职位高者先落座。

（5）落座后椅子与餐桌之间不要过近或过远，距离最好为 20cm 左右。

（6）双手不宜放在邻座的椅背或餐桌上，更不要用两肘撑在餐桌上。

2. 举止文雅

入席后当众补妆、梳理头发、挽袖口或松领带是不礼貌的。用餐时千万不要动不动就用自己的筷子东挥西指。

3. 交谈适度

（1）就餐期间，要礼貌地与周边的人交谈。

（2）交谈的对象要尽量广泛。

（3）交谈的内容应愉快、健康、有趣。

（4）交谈的音量要适中。

（5）若的确有话不便公开讲，则应另找适宜的场合个别交谈。

（6）与人交谈时应放下手中餐具，暂停进食。

4. 正确使用餐具

(1) 不能用筷子敲打餐具，也不要将筷子插在饭碗中。

(2) 席间若失手把餐具掉落在地上，应请服务员补上相应的餐具。

(3) 不小心打翻酒水溅到邻座的客人身上，应表示歉意并帮助其擦干。如对方是女士，则应把干净的餐巾递过去，由其自己擦干。

(4) 应把餐巾摊放在膝盖上，主人打开餐巾就意味着宴席的开始。

(5) 餐巾不应用来擦汗、擦眼镜或擦拭餐具。

(6) 只使用餐厅提供的餐巾纸，不要把自己随身带的纸掏出来使用。

餐桌举止五个“不”

(1) 不布菜，即让菜不布菜。在餐桌上可以把自己欣赏的或者有特色的菜肴向人推荐，但是不可为客人布菜。

(2) 不劝酒，即祝酒不劝酒。如果碰上志同道合者可以一醉方休，但如果对方不喜饮酒，不要勉为其难，这是有教养者的基本表现。

(3) 不出声，即吃东西不发出声音。在一些西方客人看来，吃东西发出声音是粗鲁而没有教养的表现。

(4) 不乱吐。进了嘴的东西原则上是不应该当众再吐出来的，万不得已时，要用餐巾或者手掌加以遮掩，不可当众吐得桌上、地上到处都是。

(5) 不整理衣饰。任何一个有教养的人都不能当众宽衣解带、脱鞋或卷袖。

三 赴宴礼仪

(一) 赴宴的准备

1. 给予答复

目前，较为正式的请柬多附寄回帖，让客人选择参加或不参加后依址寄回，或要求客人以电话回答。接到请柬，一般应尽早答复主人能否出席，以便主人安排席位。对请柬上注有法文字母“R. S. V. P.”(敬请回音) 字样的，无论出席与否，均应迅速答复；对注有“REGRETS ONLY”(不能出席时要答复) 字样的，则不能出席时才回复，但也不应耽误。经口头约妥再发请柬者，请柬上注有的“TO REMIND”(备忘) 字样只起提醒作用，对此不必答复。答复是否出席时，可打电话或复信。隆重的正式宴会，被邀请者若不能出席，一般可派代表出席，除非主人另提出邀请。接受邀请之后，不要随意改动。万一有特殊情况不能出席，尤其是主宾，应尽早向主人解释、道歉，甚至亲自登门致歉。

2. 梳妆打扮

出席宴会前，最好稍作梳洗打扮，穿上一套合时令的干净衣服。每个人都容光焕发地赴宴，会使整个宴会有一种比较隆重的气氛。最忌穿着工作服带着倦容赴宴，这会使主人感到不受尊重。若请柬上有对服饰的规定，则要严格遵守。

（二）准时到达

要按主人邀请的时间准时赴宴。有些请柬写明客人到达和宴会开始的时间，如“6：00 到达，6：30 宴会开始”，则应 6：00 到达。如因故在宴会开始前 8min 或 10min 到达（如 6：20 到达），不算失礼，但迟到则非常失礼，这表示你对主人不够尊敬。

通常身份高者可略迟到达，一般客人宜略早到达。到达后，应立即了解自己的席次和同桌宾客的姓名、身份。入席时，先照顾自己座位旁的女宾就座后，自己再入座。通常客人的座位要等男女主人安排，当主人请你坐下时，不必推推让让，过分客气反而失礼。确实有事需提前退席的，应事先向主人说明。迟到、早退、逗留时间过短均有失礼或冷落之嫌。

（三）备好礼品

应主人邀请或经允许，进入主人家后，在门厅脱下帽子、大衣和手套。入室时先向女主人致谢，然后向男主人致意。参加家庭宴会，可备些礼品带上。

（四）带上名片

应先向主人问候以后，再向其他客人问好，并事先准备好名片备用。当被介绍给他人时，要用双手捧着名片相赠，切不可随便丢到桌子上让别人去捡，接别人名片时也应用双手接。

（五）应付意外

进餐过程中有时会遇到一些意外事件，如何处理好这些意外才能不失礼仪呢？以下列举了一些常见的事件，供大家参考：

（1）用刀、叉切割食物，动作不宜过大，否则会发出刺耳响声。刀、叉落地后，不可捡起再用，而应请服务员为自己换一副。

（2）不慎将酒、水、汤汁溅到他人衣服上，表示歉意后，递上手帕或餐巾。不必恐慌赔罪，这样反使对方难为情。

（3）失手打翻了酱碟，应向注意到你的人婉言致歉，不要大声嚷嚷，也不要没完没了地自责。

（4）席间一般应关掉手机或把手机调至振动状态。离席回电时，应向主人及左右的客人致歉，轻轻拉开座椅离去。

（六）离席

等主人宣布宴会结束后，客人才能离席。客人应向主人道谢、告别，如“谢谢您的款待”“您真是太好客了”“菜肴丰盛极了”，并向其他客人告别。如果有事要提前离席，则应向主人及同席的客人致歉。

小测试

判断下列说法正确与否。

(1) 喝茶时不需将杯垫一起端起，以单手端起茶杯，另一只手轻扶杯垫，预防杯垫掉落即可。但若坐在矮茶几旁，则必须连同杯垫一起端起，以免不慎打翻了。（　　）

(2) 商业人员在接待顾客时应该站起来。（　　）

(3) 客人什么时候抵达目的地应该由客人自行安排。（　　）

(4) 商业接待和商业拜访都需要在事前做到“知己”和“知彼”。（　　）

(5) 在进入接见方的房间后，应先将书包和其他的随身携带的物品放到桌子上再开口说话。（　　）

(6) 一定要提前15min赶到车站或机场迎候客人，绝不能让客人在那里等你。如果你迟到了，无论怎样解释，都很难消除客人的不快和对你失职的印象。（　　）

(7) 接到客人后，应该说一声“您路上辛苦了”之类的话，然后立即自我介绍，如有名片更好。为方便对方称呼，可以主动说：“就叫我小刘好了。”（　　）

(8) 拜访的时候去得越早越好，体现了对对方的尊重。（　　）

(9) 拜访外商时一定要提前预约，预约的时间越早越好。（　　）

(10) 在商业接待过程中，无论是在会谈前、会谈中还是会谈后，服务人员一定要不停地为客人倒茶添水。（　　）

本章小结

在商务洽谈中要遵守洽谈的四项基本原则，做好商务洽谈前的准备工作。要注意洽谈进行中的着装、举止和谈吐礼仪，促成洽谈，达到双赢。

商务拜访与接待，是商界日常交往活动中的重要组成部分。拜访礼仪可达到沟通关系、联络感情、发展业务的目的。在接待工作中应注意接待人员的形象、接待工作的要求，做好不同活动的接待工作。接待工作琐碎、繁杂，因此，更须细心、热情、周到。

商业仪式与活动中的礼仪也很重要。本章主要介绍了开业典礼、交接仪式、剪彩仪式、签字仪式、新闻发布会、展览会、茶话会等活动的礼仪。

电话礼仪主要强调：本人接听电话要讲究礼仪，代人接听电话要保证及时准确地传达，录音电话要慎用并及时回复。如今互联网成为商务活动的主要通信工具，商务人员必须了解电子商务礼仪。

宴请是人们交往中表示欢迎、庆贺、答谢、饯行等以增进友谊和融洽气氛的重要手段，是一种常见的礼仪招待活动。宴请礼仪是指宴请的组织者为成功地举办宴会而做的大量准备工作和接待过程中的礼节性工作，准备工作包括确定宴请的目的、名义、对象、范围和形式，确定宴请的时间和地点，发出邀请，拟订菜单，设计布置宴会厅。接待礼仪包括迎宾、宴会致辞、席间敬酒、热情交谈、适时结束宴会。赴宴礼仪是指参加宴会的人员在赴宴过程中所表现的良好形象和规范的行为，主要内容有准时出席宴会、仪表整洁、按位落座、进餐要求、礼貌告别。

实训任务

实训六

【实训目标】

通过实训，掌握接待工作的程序和接待礼仪的要求，熟悉接待工作的具体环节和操作方法。

【实训要求】

必须演示接待的全过程，包括引入会客室、安排座位、沏茶等；适当地准备道具，如名片、茶具等；学生可分角色进行演练，如时间允许，可互换角色演示。

【实训口号】

有朋自远方来，不亦乐乎！

【实训内容】

一、预约客人的接待

拟设职业情景，学生分角色模拟以下工作过程。

职业情景：某日，东方电子有限公司销售部经理刘风与其秘书小王经过预约来到朝阳贸易有限公司洽谈合作事宜，请分小组分角色演示朝阳贸易有限公司秘书钟苗接待的全过程。

角色一：东方电子有限公司销售部刘风经理

角色二：刘风的秘书小王

角色三：朝阳贸易有限公司销售部经理林海

角色四：秘书钟苗

二、拟订接待计划

拟设职业情景，学生按要求用计算机拟订接待计划及日程安排表。

职业情景：某日，朝阳贸易有限公司秘书钟苗接到行政经理谢飞的邮件，邮件中写道：

钟苗：

2023 年 3 月 28 日（下周三）公司总部副总裁王明一行 5 人将来我公司视察。视察内容包括：听本公司领导述职（上午 9：00—11：00 在公司主楼第二会议室）；中午 11：30—12：30 在公司宾馆餐厅海王星厅就餐，我公司陪同人员有公司经理、副总经理（共 2 人）、办公室主任、公关部部长、经理秘书纪颖，共 6 人；出席本公司科技人员获国家科技奖表彰大会（在本公司礼堂举行，13：30—15：00）；检查实验大楼的建设情况（15：20—16：20 在工地现场）；晚餐在 17：00—19：00 进行（地点同中午）。此次活动主陪人为公司总经理、两位副总经理、办公室主任及秘书。请你写出一份接待计划，并列出日程安排表。

行政经理谢飞

2023 年 3 月 12 日

【模拟演练】

（1）请选择一个合适的时间，到你的同学（或者老师）家中作一次礼节性拜访，并在事后将你的感想写下来。

(2) 你的上司很欣赏你的才华，邀你去他家中做客，并盛情挽留你与他家人共进午餐，其间你该注意些什么问题?

(3) 有客人来你办公室作公务拜访，但你已有约定要去赴约，此时你该怎么办?

实训七

【实训目标】

通过实训，掌握并熟练运用签约、剪彩、交接、庆典4种常见仪式的流程和礼仪规范，为学生日后走上工作岗位参加各种仪式打下必要的礼仪基础。

【实训要求】

每4人一组。

【实训口号】

开业大吉——打响第一炮!

【实训内容】

(1) 分别收集一段签字、剪彩、交接和庆典仪式的场景，运用现代化的教学手段与讲解相结合，让学生生动、直观地学习各项仪式的规范礼仪。

(2) 将学生分成4人一组，按照相应的规则和程序选择设计一个模拟的仪式场景，以熟悉整个仪式的流程和重点，再进行课堂讨论，互相交流和点评。

(3) 请学生按照拟好的仪式方案，进行模拟表演，并由学生代表和老师组成评审小组进行评比，以便充分地调动起学生的积极性和参与性，使他们投入表演，使训练达到最佳的效果。

(4) 收集信息，组织学生参加1～2次校外的仪式活动，采用学习—练习—再学习—再实践的方式，起到巩固知识的作用。

(5) 举行仪式礼仪大赛或相关的主题班会。

(6) 将学校有关的颁奖、签字、典礼或授牌仪式等规范化，让学生参与设计仪式的有关程序，并将仪式礼仪规范运用于这些活动中。

【模拟演练】

假设你所在的乳业公司将迎来一批来自德国乳富集团的商务考察团，你公司准备借此机会向乳富集团订购一批更为先进的设备。因为在这次活动中要进行谈判，并将签署合同，举行签字仪式。为此，领导要求你草拟一份签字仪式的准备方案，并将签字厅布置妥当。请你结合所学知识模拟演示。

复习思考

1. 在商务洽谈中，如何运用商务洽谈礼仪?
2. 谈谈商务洽谈的原则。
3. 说出接待预约来访者及未事先预约的来访者的工作程序。

4. 对于内宾接待有哪些具体要求？
5. 开业典礼前应做好哪些准备工作？
6. 作为开业典礼的组织者应注意哪些礼仪？
7. 整个剪彩过程中剪彩者应注意哪些事项？
8. 签字仪式前应做好哪些准备工作？
9. 新闻发布会上的主持人、发言人应注意哪些礼仪要求？
10. 展览会的组织工作包括哪些？
11. 作为参展单位的工作人员应注意哪些礼仪要求？
12. 说说交接仪式的程序。
13. 商务人员应怎样处理通话中出现的问题？
14. 在使用电子邮件时，商务人员应当遵守的礼仪规范是什么？
15. 宴请的形式有哪几种？各有什么特点？

第五章 商务形象礼仪

案例导入

章琦在韩国公司做了一年的行政秘书，后跳槽到一家美国公司，工作方面她倒是得心应手，只是在着装方面经常受到老板的明示与暗示的批评。譬如，她在原来的韩国公司的通常形象为漂染发、细挑眉、棕色唇与灰色紧身套装，很性感也很成熟，而现在这家美国公司的女职员大都穿H形直筒套装裙，画清淡的妆容，唇色多为粉红或玫瑰红，显得清新干练。

章琦知道了问题所在，马上对自身的形象进行了一番大改造，漂染的长发变成了清爽的短发，细眉也还原成了自然眉型，又为自己添加了肉色唇膏与H形职业套装。一番改头换面之后，老板连连说好。

评　析

上述案例说明：

（1）每个公司均有自己的企业文化。员工形象是企业文化的一部分，它更多代表的是企业形象，是企业精神的外在表现，它同样受到企业领导者的重视，因此，秘书人员必须善于塑造自己的职业形象。

（2）不同国家、不同民族，其文化及审美也存在较大差异。欧美人崇尚自然，并且对于工作着装与休闲着装分得很清楚，所以欧美外企女职员的办公形象为清新干练的中性风格；而韩国公司则不同，韩国未婚女性通常会在工作时遇到情投意合的男性，结婚后就会“退

出江湖”，在家相夫教子了，所以，韩国的工作场所也是她们展示魅力、吸引异性的社交场所，因而形成了韩国公司女性职员性感、妩媚的办公形象。日本企业也有与韩国企业类似的情况，不过日本公司女性职员的形象一般定位在青春、娇艳的范畴，与韩国女人味十足的性感相比较，是另一份青春与浪漫。

第一节 职业形象的塑造

塑造职业形象应从多方面入手，首先必须从了解自我开始。

一 了解自我

越了解自己越能把握现在、展望未来，这是制订个人职业生涯规划时的首要动力。那么，一个人应该从哪些角度来了解自己呢？

（一）特长

每个人的特长各不相同，有人擅长写作、创意，有人专精于科技，有人对商业数字敏感，有人对建立公关有禀赋……但不管怎样，一个人只要能在个人特长方面累积发挥，日久必有所成。

（二）兴趣

一般来讲，一个人对自己越感兴趣的事就越能专心投入，通常一个人的特长就是他的兴趣。如果现实环境无法让兴趣与工作结合，那么，不妨在工作之余再把心力投放在兴趣上。

（三）个性

每一种个性都有自己最适合的环境，如果个性与自己想要投入心力的环境存在差异，可以视情况做出调整。再者，随着年龄、见识和经历的增长，人的个性也会有所变化或日趋成熟。

（四）能力

虽然人的潜力无限，但是能力的提升是渐进的，了解自己每一阶段的能力范围，做渐进式的提升，才是稳定发展的基础。

（五）外表

虽然一个人的外表对其一生的成就并没有决定性的影响，但是了解自己外表的特色，可以帮助我们在各种场合适当地表现自己。同时，配合内在底蕴建立特殊的装扮风格，更会给人留下良好的整体印象。

（六）体能

每个人都有体能的极限和弱点，了解极限，改正弱点，才能保持旺盛的精神和体力。

二　认识自己的方法

通过有效的方法，可以帮助我们认识真正的自己，也唯有认识自己，才能了解自己，进而成就事业。

（一）测验

一个人的性格对所从事的职业影响很大，要想了解自己的性格类型，可采取一些科学的手段，例如，性向测验、性格测验等，然后从中归纳出自己的性格取向。知道了自己的性格就可在考虑职业时扬长避短，做出正确的选择。

（二）接受挑战

接受挑战，主要是指主动接受超过自己能力的挑战。通过这些挑战，可以进一步了解自己，并不断提升自己的能力。

（三）反省

遇到失败、挫折和打击，应先排除“自怨”“怨人”的情绪，认真反省自己，并借此洞察自己。平日若能养成“自省反思”的习惯，不管遇到任何事情，都足以帮助自己成长。

（四）向师长请益

有智慧、有胸襟、有见识的师长，可以帮助我们从更高层次来认识自己。当然，作为个人也应积极培养自己、提升自己，多向师长请教。

（五）结交益友

益友能做良师，对“面对自己”大有助益。只有开诚布公、直言不讳的朋友，才能逼迫自己面对真实的自我，同时让我们从全新的角度了解自己。

（六）诚实、坦然

认识自己的目的是要让自己进步更快，过度的谦虚或自大只能使自己看到一个假象，反而会对未来发展形成阻碍，因此，认识自己一定要诚实、坦然。

三　自我形象如何定位

“认识自己”是让自己面对一个真实的自我，把真实的自我拿来面对社会，就是“形象定位”。尤其是在强调专业高于一切的今天，“形象定位”对专业领域的诠释更为重要。

（一）适宜的装扮

了解自己的身材、脸形、个性特质以及工作需求，再向专家请教，设计出既具个人风格又符合工作场合的造型，就能给人留下良好的印象。

（二）表现工作能力

掌握机会，用适当方法表现自己的才能，能让公司上司、部门同事迅速认识自己。与此同时，应掌握不躁进、不矫情的原则，更应把持“胜不骄、败不馁”的准则。

（三）适当展现个性

虽然在一个有制度、有规模的大公司工作不宜过分展现自己的个性，但是一味地压抑、曲迎也非明智之计，应在配合工作的范围内用适当方式做合理的伸张，树立自己的风格。

（四）体现良好修养

修养的好坏，可以表现出一个人智慧的大小、气度的深浅。在他人急躁、慌乱时，我们如果能用个人修养圆融化解，就能树立良好的形象。

（五）注重交往礼仪

礼仪是“发乎中，形于外”的肢体语言，也是影响人与人沟通的重要因素之一。尤其在职场上，一个具有礼仪风范的人，往往能摒除情绪干扰，就事论事，化戾气为祥和，特别能建立个人良好形象。

四 突破自我创高峰

事业发展到一定程度，自然会遇到瓶颈，这时候如果你一直陷在彷徨、焦虑的情绪中，裹足不前，就会停顿甚至退步。唯有寻求自我突破，才能再创高峰。一般来说，自我突破有下述几种途径。

（一）在职进修

在工作之余进修一些与工作内容有关的课程或学习另一种知识、技能，都能累积更多的才能和见识。

（二）勤于阅读

书是人的良师益友，养成多读书的好习惯，可以提升自己、增长见识。要注意培养自己选好书的能力，让每一次开卷都能对自己有所助益。应为自己制订一个阅读的中、长期计划，例如，计划读通某一类学科，由基础读起，再旁及各家学派。为了督促自己，可预定读完一本书的时间或每天规定一段时间，排开俗务杂念潜心读书。在读书的同时，别忘了做笔记进行归纳整理。

（三）勤于收集资讯

在瞬息万变的信息社会，时时提高警觉，收集、整理资讯，可以帮助我们跟上时代的步伐。

坚持每日读报、看新闻性节目、阅读定期出版的各类杂志，就能了解社会动向，掌握社会发展的趋势。读报时可以先看大标题，再挑出重要的内容阅读。杂志上的报道分析较报纸深入周详，勤于阅读就能得到整体的认识。

（四）勤于思考

培养正确且积极有效的思考、理解方式，可以帮助我们在面对众多变数时突破困境、掌握方向。

五 培养敬业精神

敬业精神并不只是在上班、工作时才需要具备，它是从事每一项社交活动时的基本精神。只要做任何事都有敬业精神，就一定能享受到甜美的成功果实。

（一）专注

集中精力、全神贯注，是迅速进入工作状态、提高工作效率的不二法门。工作难度越高、越烦琐枯燥，就越需要提醒自己定下神来，按部就班地做，这样才会有进展。

（二）负责

推诿、拖延是人面对工作时的最直接反应，也是一种消极的处事态度。积极的态度应是勇于负责、敢于担当，只有这样才能披荆斩棘、突破困局、脱颖而出。

（三）周到

周到也是负责的表现。训练自己的联想力和反应力，把一件事的前因后果和周边资讯都了解透彻，并做周到的处理，就可以减少出差错的机会，对部门整体运作和公司都会有莫大的帮助。

（四）贯彻

不是每件事当下做完就算结束，还会有很多后续工作，做好这些工作需要足够的责任心和耐心。

（五）开明

勇于接受新观念、新做法，甚至接受批评、攻击。开明不但对个人事业的发展大有裨益，同时对增长智慧也有帮助。

六 学会独立自主

一个完全独立的人是以自信、自尊为基础的，他坚守信念，对目标全力以赴，同时又能尊重他人、关怀众生。独立自主的精神并不是自然生成的，也不是一蹴而就的，必须经过长期培养。

（一）建立自信心

自信并不是固执己见或刚愎自用所显出的霸气，而是经过锤炼后得到的智慧。真正有自信的人，完全没有暴戾、急躁的火气，而是待人处事平和理性，充分流露出沉稳、练达、宽容的特质。

（二）训练独立思考的判断力

在众说纷纭的时代，多看、多听、多思考、多历练，才能不盲从、不起哄，用冷静的心、理性的脑，建立个人的价值观。

（三）创造个人风格

从外在装扮到内在思想都有适情、适性的品位，才能打造历久弥新的个人风格。

（四）心理、行为上不依赖他人

不要因为自己无聊就呼朋唤友，也不要因为孤单就找人做伴，更不要因为彷徨犹豫、心绪波动就到处找人倾诉。懂得面对自己的内心世界，学会疏导个人心绪，找到人生目标，才能在心理、行为上完全独立。

七 完全融入社会

社会是一个学无止境的大学，除去在正规学校读书的时间，我们一生中有80%以上的岁月必须与社会保持密切关系。因此，在离开校门、踏入社会的那一刻，我们就该下定“完全融入社会”的决心。有了这个前提，我们应朝着下述几个方向去努力。

（一）找寻自己的终生目标

经过一段时间的摸索和适应后，我们的终生目标就会很清楚地浮现出来。只要自己有信心，了解自己的内心需求，不管是选择做朝九晚五的上班族，还是做自由职业者或是自行创业，都不会与社会脱节。

（二）掌握社会脉搏

透过各种资讯的流通，了解社会中发生的事件，深入观察、思考，再加以归纳整理，就能建立自己的趋势观，从而能更好地规划未来。

（三）和社会保持互动关系

自由职业者或自行创业的人，特别需要时时提醒自己了解社会、参与社会。一方面了解社会需求，适时付出关怀；另一方面掌握社会脉搏，充分运用社会资源，这样才能与社会保持互动关系。

（四）拓展人际关系

广交良师益友，可以扩展人际交往、拓宽视野。同时，时时处处以他人为“师”，还能增长智慧、突破格局。

（五）关怀众生

建立宇宙宏观视野，关怀人类也关怀自然，同时还应乐善好施，扶弱济贫，雪中送炭，让大自然的生命与自己的生命相融。

第二节 职业形象举要

一 职业着装要领

在塑造个人的穿着形象时，要考虑下述几点因素。

（一）有助于塑造企业形象

每家公司都有自身的企业形象，因此，对员工的穿着也会有些成文或不成文的规定。如果你想要在公司里升迁，就一定要了解公司的要求。观察同事的穿着可以较快地在装扮上和公司的要求达到一致。

也许你认为中高层主管的打扮很土，但别忘了，你的风格并不代表公司的风格。尤其注意别随便批评高层主管的打扮，你刻意张扬自己时髦的结果最后可能是换来一张下岗证书。

此外，要是无法清楚了解公司的要求，最保险的方法就是穿着保守一点，尤其是初来乍到之时更要如此，以免触犯禁忌而不自知。

（二）配合企业风格

成功的职业人士都是花了许多时间才明白该具备什么样的风格。他们会选择典雅但不一定流行的服饰，既不用担心年年换新衣，也不用烦恼穿着是否不得体。选购衣服的原则也是专业形象第一，气质其次。

职场上，你必须在专业及性别两种角色里取得平衡，宁愿让人觉得你是个精明的人，也不要让人说你是花瓶。有些人会细心规划自己的穿着，将什么样的场合该穿什么样的衣服都细心记录下来，以便有所依循，甚至还会排个轮值表，依序穿着，以免同一套衣服出现的次数过于频繁。

（三）向主管学习

一般来说，最好能以上司的穿着为榜样，先注意他（她）穿些什么，再为自己购装。努力向顶头上司的风格学习，是博取信任的捷径，因为上司会以为你的价值观和生活态度与他（她）的相同，对你的看法自然会比较正面，当然也愿意给你更多的表现机会。如此一来，别人也会因此而改变对你的态度，会更尊重你。

换句话说，你想要获得什么样的职位，就该以那个职位该有的打扮出现，争取上级的印象分数。不过请注意，千万要适度，巴结得过于明显招摇，惹得其他同事讨厌和非议，反而会让上司觉得你的人际关系不好，并且失去其他同事的支持，工作起来就会十分吃力，甚至有碍发展。

因此，学习上司的风格并不是和上司穿情侣装，而是模仿上司的着装。例如，如果上司喜欢穿亚麻布料的西服，你也可以穿着同样面料和款式的套装，只是花色不同。

（四）换上优雅利落的套装

套装给人的印象是井然有序，最适宜商务人员穿着。至于颜色，当然还是以白、黑、褐、海蓝、灰色等基本色为主。若你嫌色彩过于单调，不妨扎条领巾或在套装内穿件色亮质轻的衬衫。当你脱下套装的外套时，丝质衬衫显露出的高贵气质是别的衣服无法比拟的。冬天时，羊毛或丝质上衣和套装搭配起来也很好看。至于夏天，套装内配件时髦的 T 恤也是不错的选择。

职业装扮三原则

（1）因职业而异。俗话说“到什么山上唱什么歌”，不同职业有不同的装扮。在着装时，既要保持自己特有的魅力，又要体现职业要求。

（2）因地点而异。在不同地点，着装也不一样。例如，一个业务员在公司内部的着装与会见客户时的着装可以不一样。有的公司有规定的工作服，见客户时穿工作服就可能不太妥了。若是同事聚会，你仍穿着职业装，会让人觉得你是个没有生活情调的人。

（3）因职位而异。中层领导有中层领导穿着的要求，秘书有秘书穿着的要求，一般职员有一般职员穿着的要求，要视不同职位酌情而定。

二 文员的职业形象

文员要做好工作，必须具备以下几方面的条件：

（1）在公务方面，要以高度的责任心去对待领导交给的任务，并保证这些任务的有效完成。在工作上应该具有主动精神，热情、认真地完成各项事务。此外，要积累组织工作经验，提高业务水平。

（2）在个人穿着方面，应该做到服饰整洁，穿着适宜，既不过分修饰，也不要不修边幅。最好避免穿垂附式或披披挂挂的衣服，以免袖子在桌上扫来扫去，增添许多累赘。理想的装扮是两件或三件式的套装，看起来干练利索，也方便行动。

（3）在工作作风方面，要努力做到办事迅速、准确无误，应以认真细致、严谨周密、一丝不苟的精神去完成领导交予的各项事宜。要培养严谨的作风，切忌松松垮垮。同时，要注意训练灵活应变的能力，处变不惊，善于应对解决问题。

（4）在言行上要注意谦虚谨慎，待人热情，处理好上下左右的关系。对任何人，不论是上边来的还是下边来的，认识还是不认识，是机关工作人员还是普通群众，都应该做到态度和蔼，热情相待，绝不可摆架子、盛气凌人。

（5）在纪律方面要加强保密观念。对于接触到的各种保密文件，一定要严格遵照保密规定去处理，不能随意扩大范围外传，不能随便答复职责范围之外的问题。切忌随便向外透露领导人对某文件的批复情况及领导之间传阅的东西。

三 服务人员的形象

由于行业不同，每一行业的服务人员具体的礼仪标准也有不小的差异。但一般说来，不论什么行业的服务员，都必须遵循下述几个方面的规范。

（一）热心于本职工作

这是对服务人员最基本的素质要求。它包括正确认识和理解本行业工作的意义，提高专业水平，在工作中保持饱满的精神。任何服务行业的工作人员都必须首先具备这样的素质，然后才能够真正做到高质量地、有效地完成自己的工作。

（二）热情耐心

必须以热情耐心的态度接待服务对象。热情的态度会给你的服务对象从心理上带来满足感，从而为你的圆满服务打下一个好的基础。同时，服务过程中的耐心也是十分重要的，尤其是当你的服务对象比较挑剔或有较多困难的时候，一定要注意保持耐心、冷静，不厌其烦，认认真真地把整项工作做完。

（三）姿态标准

无论是行走、站立还是坐着，服务人员都应参照体态标准严格要求自己。服务员优雅、敏捷和富有魅力的体态，常常会给服务对象以极强的感染力。

1. 标准站姿

服务人员站立时的标准姿势是：头正、颈直、双眼平视、闭嘴、微收下颚；双肩平正，微向后张；挺胸收腹，上体自然挺拔；两臂自然下垂，五指并拢、微屈，中指压在裤缝；两腿挺直，双膝相碰，脚跟并拢，两脚尖张开，保持 45°～60°的夹角；身体重心落在两腿正中。这种姿势显得优美挺拔、精神饱满。不同行业的服务人员在工作时对这种姿势的使用可略有变化。

2. 标准坐姿

标准的坐姿应保持上身正直，挺胸收腹，不可歪坐、靠坐。入座时要轻、缓、紧，也就是声音要轻，动作要协调柔和，腰、腿部肌肉要略有紧张感，不可放松成瘫软状。如果是坐沙发，应两腿垂地或微内收，双膝双脚合拢，臀部坐沙发的 1/2 或 1/3，背不要靠沙发背；两手自然弯曲，手扶膝部或交叉放在大腿中前部，或者一手放在大腿上，一手肘放在沙发扶手上。如果是坐椅子，臀部可坐满椅子，但不能躺靠于椅背上；手交叉放在大腿中前部，两腿可微分开；两腿并排或一前一后放置地上，也可使两小腿交叉，一只脚斜叠于另一只脚上。

3. 标准走姿

行走时的姿势应该上身平正，挺胸收腹，双目平视，双臂放松，自然摆动，前摆时稍向内折约 35°，后摆时向后折约 15°；摆动时要注意保持上身和双肩的平稳，不可左右或上下晃动。年轻女性应走一字步，男性和中老年女性则走男步。

4. 仪表与仪容

服务人员的仪表、仪容也是十分重要的。在工作之前进行适当的美容和化妆是必要的，这可以增加服务人员的仪容美，同时也可以显示出对服务对象的尊敬。但需要注意的是，美容和化妆一定要根据自己行业的特点来进行。有些行业，比如，饮食业等，其服务人员是不宜过多地进行化妆的。而有些行业的服务人员，比如，旅馆服务人员，允许进行化妆，但也要注意适度，不可浓妆艳抹。一般服务单位，工作人员往往配有工作服。在工作时间，服务人员都应按规定着装。对于工作服，服务人员应注意保持其干净清洁，不破损，不掉扣子，不走形。另外，在工作时间，服务人员一般是不允许佩戴过多的个人装饰品的，尤其是女服务人员，一定要注意在工作时间尽量少戴或不戴耳环、戒指、项链等装饰品，以免影响工作。总之，化妆与美容应以自然、大方、优雅为宜。

（四）语言文明、礼貌

服务人员的语言直接影响到服务对象的心理。“好话一句三冬暖”，如果在服务过程中多说“请”“谢谢”“对不起”等礼貌用语，注意说“您好”“请您稍等”“欢迎再来”等关心、体贴的话，这将给服务对象留下良好的印象，树立起服务人员自身的良好形象。切忌在工作中对服务对象粗声恶气，或语言过于随便，或因个人不顺心的事而向服务对象发火等。

小知识

“六不讲”

（1）低级庸俗的话不讲。

（2）生硬唐突的话不讲。

（3）讽刺挖苦的话不讲。

（4）有损顾客人格的话不讲。

（5）伤害顾客自尊心的话不讲。

（6）欺瞒哄骗顾客的话不讲。

四 销售人员的形象

销售人员进行推销活动时，主要任务是：为本企业创造大量有利可图的买卖；及时向企业提供市场和消费者的信息；向买主提供良好服务，树立企业的良好信誉。作为企业和买主之间的纽带，销售人员的作用很重要。而了解有关的礼仪，对销售人员来说也是很有必要的。

推销的本质实际上是“推销人格”。销售人员良好的风度与形象，往往会促使推销工作更加顺利地进行。好的销售人员常常能够让顾客喜欢听自己讲话，喜欢和自己接近，并信赖自己。实际上，许多时候推销并不一定要强调你的商品多么优越，顾客往往注意的是你本人留给他的印象。

（一）服饰、语言、态度规范

销售人员除了应在平时注意丰富自己各方面的知识、提高自身修养之外，在推销时还必须在服饰、语言、态度等方面严格要求自己，礼貌待客。

1. 服饰大方

既要保持干净、整洁，也要注意不要修饰太多，保持精干利落、朴实自然的形象。

2. 注意使用礼貌用语

使用“您好”“谢谢”“不用客气”“对不起”“请”“再见”“欢迎再来”等一类的语言，既能使顾客感受到你对他的尊敬，同时也能够使你的推销工作向成功迈出一大步。而在推销过程中如果总是用“请”，诸如，“请稍等”“请您参观”“请试用”等，则更会令顾客感受到你的热情与尊重，从而赢得其好感。

3. 态度要注意诚恳、和蔼

对于顾客的尊重应该是出于真心的，而不是应付式的。要明白你是在保证顾客满意的前提下推销自己的产品，因此，应该真实地说明你的产品的特点，并诚恳地劝导对方购买你的产品，说明购买之后会给对方带来什么好处。同时还要注意态度亲切、和蔼，尤其在顾客进行细心挑选时，一定不能够表现出不耐烦的情绪或粗暴的态度。

（二）循循善诱的三个诀窍

推销工作往往会产生一种单纯地向顾客倾售商品的倾向，因此，常常会使顾客心生反感。销售人员应该努力避免在工作中出现这种冷冰冰地强迫对方购买产品的表现，而应使推销活动更具有人情味。这就是说，在推销过程中，应该注意建立与顾客的和谐关系，处处站在替顾客着想的角度考虑问题，应该使顾客自然地进入你的“影响圈”，不自主地生发对你的产品的兴趣，而绝不应该强迫式地引导顾客来购买。这具体包括下述几个方面。

1. 应该让顾客亲眼看、亲自试用你的样品

拿出样品，请顾客亲眼观看或你做示范给他看，往往会起到比单纯的劝说更大的吸引顾客的作用。而如果能够让客户亲自试用你的样品，则更能够激发他们的兴趣和满足感。因此，推销时不妨鼓励和帮助你的顾客亲自动手操作样品。

2. 要善于倾听顾客谈话，并帮助其作出决定

许多顾客会就你所推销的产品谈不少的话，甚至会对你诉说一些与销售无关的事情。无论是哪种情形，你都要注意耐心倾听。一方面可以表现出你对对方的尊重，显出你对对方的理解和同情；另一方面也可以使你从对方的谈话中了解其心理状态，并采取相应的推销策略。聚精会神、表情专一地倾听顾客谈话，会使你更具人情味，赢得顾客的好感，同时还能使你在推销方式上受到启发。

在介绍完自己的产品，又听完顾客讲话之后，销售人员一般应及时地督促顾客做出购买决定。要根据从其讲话中捕捉到的信息，结合自己产品的特点，具体分析顾客目前存在着的困难或亟须解决的问题，说明自己产品对顾客将会有什么帮助，合情合理地帮助对方做出购买的决定。

3. 要注意使用替顾客着想的语言

比如，“我能帮您的忙吗”“别着急，慢慢挑选”等，既使顾客感到亲切、愉快，又表现出对顾客的理解，从而创造一种比较融洽的销售氛围。在向顾客提问时，应注意运用选择性语气，比如，“您想看红色的还是蓝色的？”“您想要大的还是小的？”这种商量、征求的语气，可以给顾客留下余地，方便其选择。在这种启发式的提问之下，顾客就能很快选定他所要的商品。比起运用其他的提问形式，选择式的提问更容易收到效果。

五 其他职业形象

（一）记者

要注意服装的灵活性，即衣服本身不必有过多的装饰，而用饰品配件来营造气氛，以适应各种场合。

（二）会计

避免打扮得太世故、太老气，装扮原则是既时髦又实用，并适度地表达流行信息。

（三）设计师

室内设计师、美术设计师、服装设计师等的服装可表达出独立感，最适合穿一些既特别又独具个性的服装。

（四）业务代表

穿着既要得体，又要便于活动，既不能穿得比客户漂亮，也不能输给对方，最好双方旗鼓相当。

小测试

请你完成下面的选择题，看看自己在办公室里是否受欢迎：

（1）是否经常早到 10 分钟？（　　）

A. 经常　　B. 很多次　　C. 偶尔　　D. 从不

（2）是否经常打水、扫地？（　　）

A. 经常　　B. 很多次　　C. 偶尔　　D. 从不

（3）是否经常翻人家的东西？（ ）

A. 经常　B. 很多次　C. 偶尔　D. 从不

（4）是否爱传小道消息？（ ）

A. 经常　B. 很多次　C. 偶尔　D. 从不

（5）是否经常打断别人的谈话而自己浑然不知？（ ）

A. 经常　B. 很多次　C. 偶尔　D. 从不

（6）是否经常向人得意扬扬地夸耀在哪进餐、在哪购物？（ ）

A. 经常　B. 很多次　C. 偶尔　D. 从不

（7）是不是经常“一杯茶，一根烟，一张报纸看半天”？（ ）

A. 经常　B. 很多次　C. 偶尔　D. 从不

（8）有没有借同事的钱没有还的事情发生，即使数额不多？（ ）

A. 经常　B. 很多次　C. 偶尔　D. 从不

答案

如果回答A项居多，就要好好反省了，因为测试表明你很可能在同事中不怎么受欢迎。如果回答D项居多，那说明你很懂得办公室里的礼仪，应该是很受大家欢迎的人物。

本章小结

塑造职业形象先从认清自我开始，要正确定位，从各方面提高自身素质。不同职业的人，由于工作性质不同，对职业形象的要求也有所差异。

复习思考

1. 一个人应该从哪些方面了解自己？
2. 说说人们认识自己的基本方法。
3. 职业人士如何进行“形象定位”？
4. 文员如何塑造自身形象？
5. 服务人员如何塑造自身形象？

第六章 商务文书礼仪

案例导入

姚丽在一家外企公司做秘书。她因为出色的工作能力和沟通技巧多次被提升，现在已经成为公司的首席秘书了。

一天，她所在公司的经理突然收到一封非常无礼的信，信是由一位与公司交往很深的代理商写来的。经理怒气冲冲地将她叫到自己的办公室，叫她记录自己口述的回信："我没有想到会收到你这样的来信，尽管我们之间已有那么长时间的往来，但事到如今，我不得不终止我们之间的一切业务联系，并且按照惯例，我要将这件事公之于众!"然后，经理让她立即将信打印寄走。

姚丽这时十分冷静，她按照经理的要求把信打印出来了，不过并没有马上把信寄走。当天快下班的时候，她才将打印出来的信递给已心平气和的经理："经理，可以把信寄走吗?"平静下来的经理自然不会让这封充满火药味的信发出去。姚丽以自己出色的工作能力，为公司留住了一个大客户。她也因此得到了数额不菲的奖励。

评 析

姚丽的机智果敢和随机应变的能力的确令人佩服。经理也是人，也有喜怒哀乐，也有不能自制的时候。而当感情一旦平静下来，他必然会自我反省。秘书在这个时候把打印出来的信交给经理征求他的意见，实际上就是给经理创造一次重新决策的机会。看来，文书工作绝不仅仅是简单的写作问题，还必须发挥自己的机敏、智慧和主动性，随时保持清醒

的头脑，才能维护好公司的利益。

要进行商务交往，必然要涉及礼仪文书的写作。一封严谨规范的商务信函，一张庄重美观的请柬，一定能给人留下美好而深刻的印象。因此，学习礼仪文书的写作知识，是掌握商务礼仪必不可少的一课。

第一节 商务信笺礼仪

一 常见的商务信笺

商务信笺包括介绍信、推荐信、辞职信、请求信、谋职信、解雇信等。下面简单介绍介绍信、推荐信和辞职信。

（一）介绍信

介绍信在商务上应用范围非常广泛。介绍信分为两种，即私人介绍信和正式介绍信。

私人介绍信写法与普通书信相同，是写信人向自己的亲戚朋友介绍第三者，语气比较亲切随便。另外，私人介绍信一般都要写信封。

正式介绍信是写信人因公把自己的同事介绍给某单位或某个人，因此，在写这种介绍信时要求语言和格式严谨、规范。正式介绍信的内容包括：简单介绍被介绍人的姓名、身份、职务，接洽事项和要求，对对方的帮助预先表示感谢。由于正式介绍信是面呈的，一般不写信封。

（二）推荐信

推荐信主要用于向雇主推荐人，以促使被录用。推荐信一般由第三者写，也有自荐的。写作推荐信的要求有：介绍被推荐者的基本情况，提到被推荐者的品质、才干以及求职的要求，实事求是，不作过奖之辞；亦没有必要将被推荐者的某些缺点写在信中。

（三）辞职信

辞职信需简明扼要，但要永远讲礼貌。信中应简述辞职理由，不要有自怨自艾或恼恨公司的言语。

二 有关信笺的一般常识

商务活动中用的信笺是很重要的，它往往是一家公司或一位商人对另一家公司或另一位商人的第一印象。

商务信笺对印刷质量要求高，对所用纸张的质量要求也高。商务信笺的设计和布局要能反映商业特征——正式的还是非正式的，老式的还是新式的等。商务信笺应该印上公司的名称、地址、电话号码、办公室地址、传真号码、公司注册号码以及董事们的姓名。写商务信笺绝不可用有颜色的纸。若不清楚信件应发给哪个具体的人，可以用“敬启者”之类。寄到办公室的私人信笺要注上“亲收”。私人信笺，应该用私人的信笺。与外国人通信，第一封回信最好按照对方来信时的落款形式给对方回信。

三 一般书信礼仪

书信在现代生活中是较重要的通信方式。通信双方在写信、发信以及收信等一系列具体环节上均有许多礼仪规范应该掌握。

（一）写信礼仪

写信时应注意尽可能地使信函礼貌、完整、清楚、正确、简洁。

1. 须用谦辞

写信要以必要的谦辞向对方表达恭敬之意。在信文前段，应使用“尊敬的”“敬爱的”一类的敬辞。在信文后段，使用规范的祝福语。信文中，多用商量、请求的语气。

2. 格式要求

（1）写信时必须使书信的组成部分完整无缺。末尾落款应准确到具体日期，一般要写明×月×日，必要时还须写明××年×月×日×时。

（2）在书写信封时，双方的邮编不可缺少。另外，在书写收信人及发信人地址时，要力求完整，不宜采用简称，以免延误信函的投递。

3. 写字要求

（1）字迹应当清清楚楚，切勿潦草或乱涂乱改。

（2）要选择耐折、耐磨、吸墨、不洇、不破的信笺和信封。

（3）要选用字迹清楚的笔具与墨水。不要用铅笔、圆珠笔、水彩笔写信，红色、绿色、紫色、纯蓝等色彩的墨水要慎重使用。

4. 用字要求

（1）写信时坚决不要出现错字、别字、漏字、代用字。

（2）不要用汉语拼音或外文替代不会写的字。

（3）书写收信人姓名、地址、职务以及尊称时不应出错。

（4）像“大人”“爱妻”“小弟”之类的私人称呼不宜出现在商务信件中。

5. 行文要求

（1）写信应当“有事言事，言罢即止”，不要洋洋洒洒、无休无止。

（2）在书信里叙事表意要层次分明、条理清晰，切勿天马行空，让人不知所云。

（二）发信礼仪

1. 折叠要求

（1）先将信笺二等分纵向折叠，然后再横折，并令两端一高一低，意在表示谦恭之意。

（2）在折叠信笺时，有意将收信人姓名外露，可令收信人产生亲切感。

（3）可先将信笺纵向对折，随即在折线处再往里卷折 1～2cm，最后再横向对折。这种折法多用于公函。

（4）将信笺先横向对折两次，再纵向折叠到可以装入信封之中的长度。这适用于日常通信。

2. 装入要求

一定要将信笺推至信封的顶端，并与信封的封口之处留有 1cm 左右的距离。这样做便于收信人拆阅。

3. 附件要求

有的时候，发信人在信封内还会装入一些书信的附件。在处理这一问题时，应当注意：

（1）不要违规乱装违禁物品。

（2）保持信封的平整、美观，不要因所装附件过多而令其过度膨胀。

（3）要在信文中将附件的数量写清楚，并要求收信人“收到即告”。

4. 邮资要求

通过邮局寄发的信件，应当自觉按规定交付足够的邮资。在信封上端端正正地贴好邮票，按惯例应贴在信封正面右上角的指定位置。

5. 封口

（1）通过邮局寄达的信件，为了保护个人隐私、保障通信秘密，信封必须封口。

（2）托请他人代交的信件，为表示对托带者的信任与尊重，信封原则上不宜封闭。

（三）收信礼仪

1. 尊重他人通信保密和自由的权利

任何扣留、私拆、偷阅他人信件的行为，都是触犯法律的。因此，在人际交往中接触书信，尤其是替他人收取书信时，应具有良好的法律意识，尊重他人的权利和自由。

2. 拆信要求

（1）拆信时，尽量确保信封的完好和美观。

（2）拆信的最好方法是利用刀、剪等工具，不要直接用手撕。

3. 保存要求

（1）收到他人来信后，不要乱扔、乱塞。

（2）未经发信人本人允许，不能随便将对方的来信公开发表或到处传阅。

（3）需要长期保存的书信，可整理在一起或装订成册，然后妥善收藏。

（4）没有必要保留的书信，可集中销毁，或用碎纸机进行破坏性处理。

（四）复信要求

（1）收到他人来信之后，应尽快回复。

（2）对来信只收不复是通信之大忌。

（3）在复信之中，应当认真地回应对方提出的所有问题。

（4）的确需要延后回答或不能解答的问题，应在复信中说明具体原因。

信件在现代社会中与高效、快捷的潮流不太合拍，但是作为正式的文书，它还是很有存在的价值的。所以，关于它的商务礼仪，依旧是从事商务活动的人员需要掌握的技能。

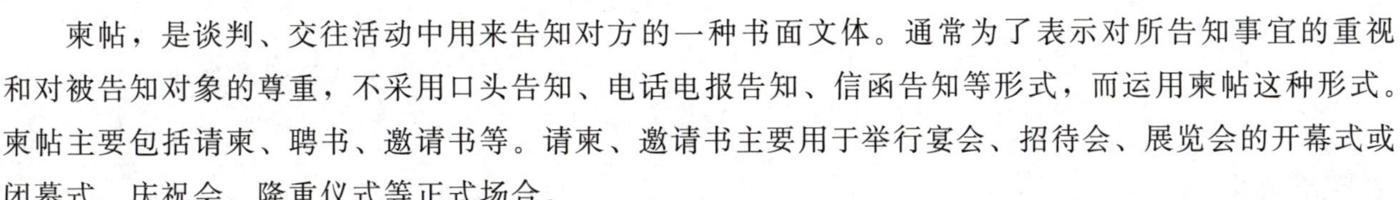

第二节 商务柬帖礼仪

柬帖，是谈判、交往活动中用来告知对方的一种书面文体。通常为了表示对所告知事宜的重视和对被告知对象的尊重，不采用口头告知、电话电报告知、信函告知等形式，而运用柬帖这种形式。柬帖主要包括请柬、聘书、邀请书等。请柬、邀请书主要用于举行宴会、招待会、展览会的开幕式或闭幕式、庆祝会、隆重仪式等正式场合。

柬帖在形式上一般由标题和正文组成。标题一般只写“请柬”（或“请帖”）、“聘书”“邀请书”“通知书”等字样，要写在正文上面的中间或单独占一页。有封面的，要在封面上印刷成鎏金艺术字样，以示醒目、庄重和美观。正文一般由称呼、内容、落款和日期组成。落款要署单位全称，并加盖公章。

从某种意义上说，柬帖跟交往信函的作用一样，只是柬帖的形式更凝练，感情更内敛。因此，柬帖的语言要像交往信函一样真诚有礼，尤其要写得庄重典雅，给人一种庄严神圣之感。同时，柬帖的语言必须高度简明精练，不可详繁叙述。

柬帖的发送是很讲究的，即使近在咫尺，也需送请柬，这主要是表示对对方的尊敬，也表明邀请者对邀请本身的庄重态度。

一 请柬

（一）请柬概述

请柬又称请帖，是指组织或个人邀请客人在预定的时间或地点参加某项重要的或有意义的活动的礼仪性信件。

请柬按照内容大致可以分为事务型请柬和礼仪型请柬两类。所谓事务型请柬主要是为邀请有关人士处理某些事务、商讨有关问题而发送的请柬，如会议型请柬就是一例。所谓礼仪型请柬就是为邀请有关人士参加宴会、舞会、庆祝纪念活动而发送的请柬。

（二）请柬的结构

请柬的结构由标题、正文、结尾、落款和日期几部分组成。

标题即是“请柬”二字，一般写在封面。

正文内容主要包括：被邀请人的姓名；被邀请参加活动的名称；活动举行的时间、地点；有关注意事项。

结尾处空两格写上“此致”“敬请”“恭候”字样，再另起一行顶格写上“光临”“莅临”字样。

落款写在右下方，由发请柬者署名，然后另起一行在右下方注明日期。

例文 6-1

请　柬

××先生：

为欢迎××贸易代表团访问亚克森公司，谨定于××××年×月×日（星期×）下午7时在×市×区××路×号举行晚宴。

敬请

光临

亚克森公司总经理×××

××××年×月×日

例文 6-2

请　柬

中国××总公司定于××××年×月×日（星期×）至×日（星期×）在××市物资交流中心举办贸易洽谈会。敬请光临。

此致

×××先生

中国××总公司

××××年×月×日

（三）请柬礼仪

请柬的礼仪主要表现在请柬的制作、写作和发送等环节上。其具体内容是：

（1）请柬的款式和装潢要设计美观、制作精巧，既庄重又大方，既要使人感到亲切快乐，又具有一定的观赏保存价值。

（2）请柬的书写要规范，按照请柬的基本格式和内容要求来书写。在语言上，要力求达雅兼备。所谓“达”，是要求语言通顺明白，不要过分堆砌华丽辞藻或套用公式化的语言；所谓“雅”，是要求文字典雅、热情、友好，但又不显得浮华。

（3）请柬的发送也需要认真斟酌。一般发送请柬的时间要根据活动的内容和日程来确定，要让客人做好准备，有所安排，发送太早，容易被人遗忘，发送太晚，又容易贻误时间，因而请柬的发送工作最好由专人负责。

二　聘书

（一）聘书概述

聘书是指一定组织聘请有关人员担任本单位某一职务或承担某项任务时所制发的一种特殊的应

用性文书，也被称为聘请书或聘任书。随着我国商品经济的不断发展，聘书的使用范围不断扩大。

（二）聘书的结构

聘书在结构上分为标题、称谓、正文、落款和日期几部分。

标题写上“聘书”或“聘请（任）书”字样，一般位于聘书内页正中位置。

称谓写受聘人的姓名，也可加上职务或职称，在标题下一行顶格写。

正文主要写聘请担任何职务或做何工作，任期、权限、待遇怎样以及对聘请对象的期望等内容。

落款是在正文下一行的右侧注明聘请单位的名字或组织法人代表的姓名并加盖公章，然后再另起一行在落款的下方写明聘书发出的具体日期。

例文 6-3

聘　书

兹聘请×××同志为“××省第五届包装装潢设计评比展览会”评委。

××省包装技术协会

××××年×月×日

例文 6-4

聘　书

兹聘请×××同志为团委顾问，时间为××××年×月×日至××××年×月×日。

此聘

××大学团委（盖章）

××××年×月×日

（三）聘书礼仪

聘书的具体礼仪要求：首先，聘书的制作要正规、庄重，能使人产生荣誉感和信任感。其次，要适当把握聘书的写作用语，如在称呼被聘请人时要谦恭，有礼貌；正文用语要明确、简洁，既要避免拖沓繁杂，又要避免模糊不清。最后，聘书的发送和授予要选择庄重的场合和一些有意义的时间。

三　邀请书

（一）邀请书概述

邀请书是一种适用于某种专题活动的特殊请柬，又被称为邀请信，是指组织为了举办某种活动而向有关人士（或单位）发出的请求参与的书面材料。一般而言，邀请书篇幅较长，内容丰富，包含的信息量也较大。

（二）邀请书的结构

邀请书的结构主要分为标题、称谓、正文、祝词、落款及日期几个部分。

标题就是本次活动的主题概括；称谓则是指对被邀请对象的称呼，在标题下一行顶格写；正文是邀请书的主体部分，主要说明举办此次活动的起因、主题、议程以及被邀表演、参与者所要承担的责任等；祝词则是结尾所用的客套话，一般用“此致敬礼”即可；落款写在邀请书的右下方，注明举办活动单位的名称并另起一行在落款下方写明时间，加盖公章。

例文 6-5

××工厂投产仪式邀请书

×××：

本公司新建工厂预定于1月1日开始投产，特邀请阁下届时亲临指导。

新工厂的投产对本公司来说，是一个极重要的里程碑。这也是海内外对本公司产品持续需要的结果。应邀人员及公司都对本公司的成功作出了很大贡献。相信阁下会赏光的。

本公司将在向阳饭店进行午餐，随后是开幕式和参观工厂，晚间举行酒宴，届时阁下能否参加，敬请来函确认并告知抵达时间，以便为阁下安排。阁下在1日晚上停留一夜的费用由我方支付。

×××敬上

××××年×月×日

（三）邀请书礼仪

写作邀请书时，标题部分要尽量凝练概括，称呼要有礼貌，正文语言要根据所反映的内容不同而有所变化，或朴实恳切，或激昂热情，不可模式化、套路化，同时必须将活动的内容、意义及参加者的任务和注意事项交代清楚。

邀请书在制作上要正规，如果内容较多、份数较多，最好用打印的方式，既节省时间和人力，又显得美观。

邀请书的发送也要注意时间的选择，近距离可派专人送达，远距离则可邮寄。

四 贺卡

贺卡主要分为贺年卡（圣诞卡）和生日卡两大类，还包括一些专门为某一重要活动和仪式设计的卡片，如为庆贺酒店开张和贸易博览会开幕等特别设计的卡片。每逢节庆日来临，亲友同事及单位团体之间都可用贺卡来表达友好的问候和联络感情。

作为一种特定的礼仪卡片，贺卡本身附有雅致的图案和祝福节日快乐的深情词句（当然也可自己填写），因而只需签上名或盖上组织的公章，装入特制的信封，就可以或送或寄给对方。

贺卡的形式繁多，装潢漂亮，内容新颖，印制精美，有的有立体画面和放音功能，有的富丽豪华，有的能计时报点。

贺卡多用来表达思念、感激、赞誉、祝福、问候、友爱等方面的感情。有的是平铺直叙、简单明了地表达感情；有的是用诗句，寓祝福于委婉动听的倾诉中。

例文 6-6

×××：

在这新春之际，请接受我对你衷心的祝福！

×××

××××年×月×日

例文 6-7

把一张精致的贺卡
赠予我挚爱的朋友
虽然时空
隔离了我们的友谊
却能记忆彼此
最纯真的友谊与祝福
祝你
一年都如意！
四季都平安！12 个月都幸运！
365 天都快乐！

第三节　商务启事礼仪

一　商务启事的内容及结构

商务启事是公司或其下属部门有事情要向公众说明或请求有关部门、员工帮助时所写的一种说明事项的应用文，属于广义的广告的范畴。

启事在结构上一般分为三部分：

(1) 标题。可在文首部分直书“启事”二字，以文种作标题；也可在启事前明确标出内容，如“搬迁启事”。

（2）正文。正文要把具体事项交代清楚，言辞要恳切，可用惯用语“特此启事”作结束语，也可自然收束全文。

（3）落款。写公司名称或个人姓名，相关内容如联系电话、地址、邮政编码、日期等也应一一写明。

二 商务启事的设计和印刷

商务启事的设计风格应以醒目、大方为主，特别是标题部分，可用鲜艳的色彩、新颖的字体调动阅读者的阅读期待。正文部分字体大小适中，而相关内容如电话、地址等应特别强调，以吸引读者的注意。

有关商业启事，以下事项必须谨记：

（1）商业启事反映着公司的形象，因此，所用纸质要好，设计要出色。

（2）商业启事的尺寸不应该太大，重量不要超过印刷品邮资的最低限制，否则成本就要增加了。

（3）信封上的名字和地址可打印也可手写，但不能用标签贴！

（4）商业启事的内容以简洁明了为上，但注意一定要讲明意图。

（5）如果条件允许，可在商业启事上摘要写下一点眉记，使它较具个性化。

三 商务启事示例

例文 6-8

××律师事务所招聘启事

××市××律师事务所是一所经政府司法机关批准成立的合作制律师事务所，主要从事房地产，知识产权、金融、证券、商务、劳动等方面的法律业务。因业务发展需要，经××市人才服务中心批准诚聘下列人员：

一、专职律师2名。条件：1. 已具有律师资格；2. 大学本科以上学历，掌握一门外语；3. 身体健康；4. 档案存在人才交流中心。

二、文秘1名。条件：1. 女性，年龄在22岁以下；2. 能熟练使用现代办公设备；3. 身体健康；4. 高中以上学历。

我所对专职律师设有灵活的薪酬方式，专职律师可以根据自己的能力做出选择。有意者请将本人简历（附照片）寄至××市××宾馆××房间。

邮编：××××××

电话：×××××××

请勿来访。资料不齐不复。

本启事一月内有效。

例文 6-9

房屋出租启事

广州市北京路×号600平方米临街写字间，最近装饰一新，诚招国内外商家、厂家、公司、办事处租赁。

广州市北京路×号临街写字间，地处北京路最繁华之地，四面临街，交通四通八达，商机无限，人气最旺，一旦拥有，回报丰厚，是一切精明有为的企业客商施展经营才华、大显从商身手的理想场所。另外，院内还有200平方米的停车场出租。

有意者请速与××小姐联系。

电话：×××××××

地址：广州市北京路×号

第四节 备忘录礼节

一 备忘录的内容

备忘录作为一个文种，早期主要应用于外交场合，用来声明对某个问题的立场或把某些事项的概况（包括必须注意的名称、数字等）通知对方。后来人们活用该文种，把那种随时记载、帮助记忆的文件统称为备忘录。特别是类似信签或便条式的备忘录，短小灵活，记事方便，很适合写很短的评论意见给关系很好的同事或朋友。商务备忘录主要用于商业交往，具有外交文书和随时记载两种性能。

备忘录由眉题、正文、首字母签名、证明身份行、附件符号、副本抄送符号和附言七项内容组成。

（一）眉题

备忘录的信头一般打印在信笺上端。此信头包括一些眉题，如日期（Date）、发给（To）、来自（From）、主题（Subject）。另外，备忘录续页信头的写法与书信中续页信头的写法一样。

（二）正文

正文的格式要注意三点：

（1）可隔行打印，也可不隔行打印，视内容长短而定。一般只有很短的备忘录才隔行打印。

（2）段落可以缩格，但一般情况下同平头式书信一样左边对齐。

（3）由于备忘录中不使用称呼，第一段与最后一行眉题间应该空两行或更多行。

（三）首字母签名

办公用品商店出售的标准式打印备忘录信纸中，有的在信纸下端印有一条签名线，发信人可以在上面签上自己的名字。但多数备忘录没有签名行，有些人喜欢把自己姓名的首字母打印在最后一行正文下面空两行处，位置居中偏右；有些人则不打印他们的姓名首字母，而是用手签他们姓名的首字母。

（四）证明身份行

该行既可以左边对齐放在最后一行正文下面空两行处，也可以放在首字母签名下面空两行处，哪项在最后就放在哪项下面。

（五）附件符号

应左边对齐放在证明身份行下面空两行处。

（六）副本抄送符号

副本抄送符号（如 c、pc、copy、rc、fc）应左边对齐放在附件符号下面空两行处。不易识别副本的抄送符号（bc）应该只出现在存档副本和不易识别副本接收人的那份副本上。

（七）附言

附言应左边对齐或者与正文段落一样缩格，放在最后一个符号下空两行处。

二 备忘录的格式

备忘录有很多种格式，但大多数备忘录的写法省略掉信内姓名和地址、称呼、结尾敬语、签名。在商务活动中，有两种典型的备忘录格式，即在公司印有抬头的信笺上撰写的便条式备忘录和标准式备忘录。有些公司还从办公用品商店购买现成的印刷表格。这些表格一般分两部分，上半部分或左半部分供发信人填写信息，下半部分或右半部分供收阅人写回复，这也是一种备忘录。

便条式备忘录短小精悍，只适合于写给朋友或关系很好的同事。标准式备忘录既可以在办公室内使用，也可以发送到单位外部去，如发给其他公司关系好的伙伴、作订单使用或者作为其他不需要给人正式感觉的便条使用。

三 商务谈判备忘录

商务谈判备忘录是在业务磋商过程中使用的一种提示性或记事性文书，它记载了经过初步讨论后双方的谅解与承诺，可供进一步洽谈时参考。

商务谈判备忘录是备忘录的一种特殊形式。谈判备忘录一般不具备法律效力。

商务谈判备忘录的格式要求如下：

（1）标题。标题可写“备忘录”或者“×××谈判备忘录”。

（2）谈判双方的情况。包括单位、名称、谈判代表姓名、会谈时间、地点、会谈项目等。

（3）事项。即各自做出的承诺。

（4）签署。即双方谈判代表署名。

四 备忘录的使用原则

（一）书面表扬，当面批评

这是使用办公室备忘录的一般原则。

（二）简短明确

备忘录要简短，不长于一页，并以要求某种行动而结束，这有助于消除无聊的寒暄。

（三）遵循商务信函的基本规则

即使这是一份办公室内部的备忘录，也要遵循商业信函的规则——你给公司内部的备忘录要与公司外部的一样正式，因为这关系到你留给那些收到你的备忘录的同事、下属以及上司什么印象。

同时还要注意别让办公室内部的备忘录落入“外人”手里。曾经发生过这样一件事，一位知名电视主持人给经理层递交了一份备忘录，抱怨他的一些同事（另一些知名电视主持人），而这份备忘录不知怎么落到了媒体手中，被刊登在全国各家报纸上。这份备忘录的制作还违反了前述的办公室备忘录使用原则：书面表扬，当面批评。

（四）避免误送备忘录

错误地把办公室内部备忘录送给公司以外的人或把本应该发给甲的备忘录发给了乙，即使这些疏忽还没有严重到可以上报纸头条，但信誉和生意关系也可能因此被毁掉了。

（五）语言礼貌

不要对任何人写任何恶言。尽可能避免表达任何负面的东西。要是你的上司非要求你在备忘录里批评某人或某事不可，事前须慎重地与上司进行沟通，争取化解此事。

本章小结

礼仪文书是对在礼仪场合中所使用的应用文体的总称，它具有使用范围广、针对性强、礼仪周全、能表达真情实意等特点。本章介绍了书信礼仪、柬帖礼仪、备忘录礼仪、商务启事礼仪等方面的知识。书信礼仪中要求写信要规范，发信要认真，收信要仔细。

复习思考

1. 聘书礼仪有哪些？
2. 邀请书的结构如何？
3. 制作商务启事应注意哪些事项？
4. 备忘录包括哪些内容？

第七章

商务餐饮、聚会礼仪

案例导入

袁小姐是大四的学生，正在一家外贸公司的财务部实习。日前，为替在武汉的外国客户庆祝“洋节”，公司举办了大型的西式自助餐会，邀请了不少外国人，还有公司的全体员工参加。餐会一开始，袁小姐端起面前的盘子去取菜，之后却发现那是装食物残渣的盘子；为节省取食的路途，袁小姐从离自己最近的水果沙拉开始吃，而此时同事们都在吃冷菜，袁小姐只得开玩笑地说自己“减肥”；走到餐桌前，袁小姐拉开桌椅，从右边走进餐桌，坐下；吃到一半，袁小姐放下刀叉稍微休息，不料服务员走过来将没有吃完的菜给收走了……

评 析

袁小姐因为不懂相关的西餐礼仪，不仅出洋相，而且令自己一顿饭吃得不自在。所以，现代人需要了解一些基本的西餐宴会的礼仪。

第一节 中餐礼仪

一 中餐礼仪概述

中国是文明古国，也是礼仪之邦，历来崇尚礼仪，在这个讲究民以食为天的国度里，饮食礼仪自然成为饮食文化的一部分。早在《礼记·礼运篇》中，就有“夫礼之初，始于饮食”的话，其中“毋抟饭”“毋诧食”“毋刺齿”等诸多告诫，几千年之后依然值得我们好好学习。据文献记载，到了春秋战国时代，就已经有了“食不语，寝不言”“虽疏食菜羹，必祭，必齐如也”“席不正，不坐”等一系列饮食规范。可见，中国饮食礼仪由来已久，在世界饮食文化史上更是独树一帜。

中国古代的餐饮礼仪十分繁缛，过去的礼仪制度显然不适用于当代社会。中式进食礼仪随着历史的发展一直在演进，终于形成今天大家普遍接受的一套饮食进餐礼仪。人们在餐饮活动中重视礼节、礼貌，几千年形成的一套餐饮传统中表现出的伦理美、形式美的一些规律，也一直沿用至今。目前，许多社交活动发生在餐桌上，餐桌上的礼仪确实需要特别留意，所以要“坐有坐相，吃有吃相”，“吃”应该要吃得斯文、优雅，不要出丑，更不要妨碍他人用餐。

现代较为流行的中餐宴请礼仪是在继承中国传统与参考国外礼仪的基础上发展而来的。

二 中餐礼规

（一）桌次和位次的排列规则

中餐的席位排列，是整个中国饮食礼仪中最重要的一部分，因为关系到来宾的身份和主人给予对方的礼遇，所以是一项重要的内容。中餐席位的排列，在不同情况下，有一定的差异，可以分为桌次排列和位次排列两方面。

1. 桌次排列

在中餐宴请活动中，往往采用圆桌布置菜肴、酒水。在安排桌次时，所用餐桌的大小，形状要基本一致。除主桌可以略大外，其他餐桌都不要过大或过小。排列圆桌的礼宾礼序，主要有下面两种情况。

（1）双桌宴请，即由两桌组成的小型宴请。这种情况，又可以分为两桌横排和两桌竖排的形式。当两桌横排时，桌次是以右为尊，以左为次。这里所说的左和右，是由面对正门的位置来确定的。当两桌竖排时，桌次讲究以远为上，以近为下。这里所讲的远近，是以距离正门的远近衡量的。

（2）多桌宴请，是由三桌或三桌以上的桌数所组成的宴请。在安排多桌宴请的桌次时，首先根据“面门为上、以右为尊、以远为上、居中为尊”的规则确定主桌，然后根据距离主桌的远近来安排其他桌次。通常，距离主桌越近，桌次越高；距离主桌越远，桌次越低；相同距离，主桌的右侧高于左侧。

为了确保在宴请时赴宴者及时、准确地找到自己所在的桌次，可以在请柬上注明对方所在的桌次，在宴会厅入口悬挂宴会桌次排列示意图、安排引位员引导来宾按桌就座或者在每张餐桌上摆放桌次牌。

2. 位次排列

宴请时，每张餐桌上的具体位次也有主次尊卑的分别。排列位次的基本方法有三条，它们往往会同时发挥作用。

（1）主人大都应面对正门而坐，并在主桌就座。

（2）举行多桌宴请时，每桌都应有一位主人的代表就座。位置一般和主桌主人同向，有时也可以面对主桌主人。

（3）各桌位次的尊卑，应根据距离该桌主人的远近而定，一般来说“以近为上、以远为下、以右为上，以左为下”。

根据以上位次的排列方法，圆桌位次的具体排列可以分为两种具体情况。一是每桌只有一名主人的排列方法，即每桌只有一名主位，主宾在主人右侧就座，这时每桌只有一个谈话中心；二是每桌有两个主位的排列方法，一般是主人夫妇在同一桌就座，以男主人为第一主人，女主人为第二主人，主宾和主宾夫人分别在男女主人右侧就座。这样，每桌有两个谈话中心。如果主宾身份高于主人，为表示尊重，也可以安排在主人位子上坐，而请主人坐在主宾的位子上。

排列便餐的席位时，如果需要排列主次，可以参照宴请时桌次的排列进行。位次的排列，可以遵循“右高左低、居中为尊、面门为上”的原则。

（二）点餐及上菜礼仪

中餐点餐应讲究色香味俱全，荤素搭配合理，菜名吉祥，主菜价值高贵。点菜时应重视客人的口味与忌讳和宗教习俗。点餐时客人应遵循客随主便的原则。

中餐菜是一道一道分先后次序上的。上菜的一般顺序是：先上冷菜、饮料及酒，然后上熟菜，接着上主食，最后上甜点和水果。上菜的基本原则是：拼盘先上，鲜嫩清淡先上，名贵的食品先上，本店的名牌菜先上，易变形、走味的菜先上，时令季节性强的菜先上。如有两桌或两桌以上的宴席，上菜要看主桌，但上菜的数量和时间应大体一致，不可有厚此薄彼之嫌。

上菜时，如果上鱼、全猪、全羊等有头有尾的菜肴时，头的一边一定要朝向第一主宾的位置，表示对主宾的尊重。如果所上的菜配有佐料，一定要配齐再上，一般是先上佐料后上菜，也可以佐料、菜一起上。

中餐上菜的方式大体有四种：把大盘菜端上，由客人自取；餐盘分让式，服务员站在客人的左侧，右手拿叉和勺，将菜分派给客人；二人合作式，将菜盘与客人的餐盘一起放在转台上，服务员用叉和勺将菜分派到客人的餐盘中；分菜台分让式，由服务员在分菜台将菜分派到客人的餐盘中。

小贴士

用餐礼仪8个“不”

用餐时经常会遇到食物屑塞进牙缝、不小心掉下刀叉，甚至在菜肴中见到异物等既普遍又尴尬的情况。倘若处理不当便会给人以没有礼貌的感觉，更糟糕的会影响别人的食欲。要化险为夷，处理得体，便应留意用餐礼仪的8个“不”。

（1）不宜涂过浓的香水，以免香水味盖过菜肴味道。

（2）女士出席隆重晚宴时避免戴帽子及穿高筒靴。

（3）刀叉、餐巾掉在地上时别随便趴到桌下捡回，应请服务员另外补给。

（4）食物屑塞进牙缝时，别一股脑儿用牙签把它弄出，应喝点水，试试情况能否改善。若不果，应该到洗手间处理一下。

（5）菜肴中有异物时，切勿花容失色地告知邻座的人，以免影响别人的食欲。应保持镇定，赶紧用餐巾把它挑出来并弃之。

（6）切忌在妙语连珠的时候不自觉地挥舞刀叉。

（7）不应在用餐时吐东西，如遇太辣或太烫的食物，可赶快喝下冰水，实在吃不下时便到洗手间处理。

（8）女士用餐前应先将口红擦掉，以免在杯或餐具上留下唇印，给人不洁之感。

三 中餐的餐具及使用礼仪

（一）餐具的摆放礼仪

中餐的餐具主要有杯、盘、碗、碟、筷、匙等。在正式的宴会上，水杯放在菜盘左上方，酒杯放在右上方。筷子与汤匙可放在专用架子上或放在纸套内。要备好牙签盒。

（二）筷子的使用礼仪

在中国几千年的饮食文化中，筷子的使用形成了基本的规矩和礼仪。在正式宴会上，筷子一定要放在筷子架上，而不应随便放在碗或杯子上。关于使用筷子，有一些禁忌，总结如下。

（1）忌舔筷。不要用筷子叉取食物放进嘴里或用舌头舔食筷子上的附着物。

（2）忌敲筷。在等待就餐时，不能坐在桌边一手拿一根筷子随意敲打或用筷子敲打碗盏或茶杯。

（3）忌叉筷。筷子不要交叉摆放。

（4）忌插筷。用餐者因故需暂时离开时，要将筷子轻轻放在筷子架上或餐碟边上，不可插在饭碗里。

（5）忌挥筷。夹菜时，不能用筷子在菜盘里挥来挥去，更不能上下乱翻。

（6）忌碰筷。遇到别的宾客也来夹菜时，要注意避让，避免“筷子打架”。

（7）忌舞筷。用餐过程中进行交谈，不能把筷子当成道具，在餐桌上乱舞，也不要在请别人用餐时，用筷子指点他人。

每次用完筷子要轻轻地放下，尽量不要发出响声。如果不小心把筷子碰掉到地上，不需要自己捡拾，可请服务员换一双。用餐完毕，应等众人都放下筷子后，在主人请示散席时方可离座，不可自己用餐完毕，便放下筷子离席。

（三）中餐用餐礼仪

客人入席后，不要立即动手取食，也不要拿着筷子等待开餐，要等主人动筷说“请”之后方能动筷。主人举杯示意开始，客人才能用餐。如果酒量还能够承受，对主人敬的第一杯酒应喝干。中餐宴席进餐伊始，服务员送上的第一道毛巾是擦手的，上龙虾、鸡、水果时，会送上一只精美的小水盂，其中飘着玫瑰花片或柠檬片，它是洗手用的，不可饮用。

进餐时举止要文明礼貌，在餐桌上保持良好的姿势，吃东西时手肘不要压住桌面。进餐时要细嚼慢咽，绝不能大块往嘴里塞，狼吞虎咽。不要挑食，不要只盯住自己喜欢的菜吃或者急忙把喜欢的菜推在自己的盘子面前。中国人一向以热情好客闻名于世，主人会向客人介绍菜的特点，并反复向客人劝菜，希望客人多吃点。有时热情的客人还会用公筷为宾客夹菜，这是主人热情好客的表示，出于礼节的需要，宾客应表示感谢，并根据自己的胃口适量享用。遇到自己不喜欢吃的菜，可很少地夹一点，放在盘中，不要吃掉，当这道菜再转到你面前时，你就可以借口盘中的菜还没有吃完，而不再夹这道菜，最后你应将盘中的菜全部吃掉。

一道菜上桌后，通常需等主人或主宾动手后再去取食。遇到需使用公筷或公用调羹的菜，应先用公筷将菜肴夹到自己的盘中，然后再用自己的筷子慢慢食用。夹菜时，要等到菜转到自己面前时再动筷，不可抢在邻座前面。夹菜一次不宜过多，不要刚夹一道菜放于盘中，紧跟着又夹另一道菜；也不要把夹起的菜放回菜盘中，又伸筷夹另一道菜；夹菜偶尔掉下一些在桌上，不要放回菜盘内，也不要放入口中。

进食时尽可能不要咳嗽、打喷嚏、打哈欠、擤鼻涕，如果不能控制，要用手帕、餐巾纸等遮挡口鼻，转身，脸侧向一方，不要把汤碗打翻。不要发出不必要的声音，如喝汤时“咕噜咕噜”，吃菜时嘴里“吧吧”作响，这些都是粗俗的表现。不要一边吃东西，一边和人聊天。嘴里的骨头和鱼刺不要吐在桌子上，可用餐巾掩口，用筷子取出来放在碟子里。掉在桌子上的菜，不要再吃。不要用手去嘴里乱抠。用牙签剔牙时，应用手或餐巾掩住嘴。不要让餐具发出任何声响。用餐结束后，可用餐巾、餐巾纸或服务员送来的小毛巾擦擦嘴，但不宜擦头颈。

在我国，对有些人而言，餐桌上的许多行为举止往往习惯成自然，但是在一个开放的社会，国际往来非常密切，每个人都要懂得尊重别人，不能自行其是。或许在家中有些习惯没有什么，但在正式的宴会上，同样的饮食习惯与动作就会被视为冒犯了别人而且被视为没有教养。

第二节 西餐礼仪

西餐是一种迥然不同于我国饮食文化的舶来品。随着中西文化交流的深入发展，西餐已经逐渐进入了中国人的生活。在现代社会交往中，无论人们对其喜爱与否，都有可能与之“相逢”，但大部分人对西餐礼仪知之甚少。因此，了解和掌握有关西餐的基本常识和礼仪是很有必要的。

一 西餐概述

西餐是我国人民和其他部分东方国家和地区的人民对西方国家菜点的统称，广义上讲，是对西方餐饮文化的统称。我们所说的“西方”习惯上是指欧洲国家和地区以及由这些国家和地区为主要移民的北美洲、南美洲和大洋洲的广大区域，因此，西餐主要指代的是上述区域的餐饮文化。西餐一般以刀叉为餐具，以面包为主食，多以长形桌台为台型。西餐的主要特点是主料突出、形色美观、口味鲜美、营养丰富、供应方便等。

实际上，西方各国的餐饮文化都有各自的特点，各个国家的菜式也都不尽相同，例如，英国人认为他们做的菜是英国菜，法国人认为他们做的是法国菜。其实西方人是没有明确的“西餐”概念的。

近年来，随着东西方文化的不断撞击、渗透与交融，东方人已经逐渐了解了西餐中各个菜式的不同特点，并开始区别对待了。一些高级饭店业分别开设了法式餐厅、意式餐厅等，西餐作为一个笼统的概念已逐渐趋于淡化，但西方餐饮文化作为一个整体概念还是会继续存在的。

二 西餐的分类

虽然西方各国的菜点各有不同的风味特点，但由于各国或是地理位置相邻或是历史渊源很深，在文化上也有千丝万缕的联系，在菜点制作方法上有很多共同之处。影响较大的西餐有法国菜、意大利菜、英国菜、美国菜、俄罗斯菜等。不同国家的人有着不同的饮食习惯，有种说法非常形象，即“法国人夸奖着厨师的技术吃，英国人注意着礼节吃，德国人考虑着营养吃，意大利人痛痛快快地吃……”先介绍几种主要的西餐菜系。

（一）法国菜

法国菜是西餐中最有地位的菜之一，是西方饮食文化中的一颗明珠。法国人一向以善于吃并精于吃而闻名，法式大餐至今仍名列西餐之首。法国菜的特点是选料广泛，用料新鲜，滋味鲜美，讲究色、香、味、形的配合，花式品种繁多，重用牛肉、蔬菜、禽类、海鲜和水果，特别是蜗牛、黑菌、蘑菇、龙虾、洋百合和芦笋。法式菜还比较讲究吃半熟食品或生食，如牛排、羊腿以半熟鲜嫩为特点，烧野鸭一般六成熟即可食用等。法式菜肴重视调味，调味品种类多样，喜用酒来调味，什么样的菜选用什么酒都有严格的规定，如清汤用葡萄酒，海产品用白兰地酒，甜品用各式甜酒或白兰地等。法国人十分喜爱吃奶酪、水果和各种新鲜蔬菜。

法国美食用新鲜的季节性材料，加上厨师个人的独特调理，来完成独一无二的艺术佳肴极品，无论在视觉上、嗅觉上、味觉上、触感上都希望达到无与伦比的境界。而在食物的品质、服务水准、用餐气氛上，更要求精致化的整体表现。

法式菜肴的名菜有法式焗蜗牛、鹅肝酱、沙福罗鸡、牡蛎杯、马赛鱼羹、巴黎龙虾、马令古鸡、沙朗牛排等。

（二）意大利菜

意大利在饮食方面有着悠久历史。意大利美食典雅高贵，且浓重朴实，讲究原汁原味。意大利菜系非常丰富，菜品成千上万，除了大家耳熟能详的比萨饼和意大利粉外，它的海鲜和甜品也闻名遐迩。源远流长的意大利餐，对欧美国家的餐饮产生了深远影响，并发展出包括法餐、美国餐在内的多种派系，故有“西餐之母”的美誉。

意大利菜肴最为注重原料的本质、本色，成品力求保持原汁原味。在烹煮过程中非常喜欢用蒜、葱、西红柿酱、干酪，讲究制作沙司。烹调方法以炒、煎、烤、红烩、红焖等居多。通常将主要材料或裹或腌，或煎或烤，再与配料一起烹煮，从而使菜肴的口味异常出色，缔造出层次分明的多重口感。意大利菜肴对火候极为讲究，很多菜肴要求烹制成六七成熟，而有的则要求鲜嫩带血，如罗马式炸鸡、安格斯嫩牛排。米饭、面条和通心粉则要求有一定的硬度。

意大利人喜爱面食，做法、吃法甚多。其制作面条有独到之处，各种形状、颜色、味道的面条有十几种，如字母形、贝壳形、实心面条、通心面条等。意大利人还喜食意式馄饨、意式饺子等。

意式菜肴的名菜有通心粉素菜汤、意式馄饨汤、火腿起司牛排、奶酪焗通心粉、红炖白豆牛肚、米兰小牛胫肉、提拉米苏等。

（三）英国菜

英国菜相对来说简单些，英国人也常自嘲不精于烹调，虽然如此，英国菜仍是西餐文化中非常重要的分支之一。

英国由于其本身的粮食及畜牧产品均不能自给自足，需要依赖进口，因此，在料理烹调上多少受到外来的影响。英国菜选料比较简单，虽是岛国、海域辽阔，可英国人不讲究吃海鲜，比较偏爱牛肉、羊肉、禽类等。英式菜肴的特点是口味清淡、原汁原味。简单而有效地使用优质原料，并尽可能保持其原有的质地和风味是英国菜的重要特色。英国的饮食有“家庭美肴”之称，即英国烹饪法根植于家常菜肴，因此，认为只有原料是家生、家养、家制时，菜肴才能达到满意的效果。英国菜的烹调对原料的取舍不多，一般用单一的原料制作，要求厨师不加配料，要保持菜式的原汁原味。英国菜的烹调相对来说比较简单，配菜也比较简单，香草与酒的使用较少，调味品大都放在餐台上由客人自己选用。英式菜肴的烹调方法多以烹、煮、烩、烤、熏见长。

英式的代表菜肴有鸡丁沙拉、牛肉腰子派、烤大虾苏夫力、薯烩牛肉、炸鱼排、烤羊马鞍、冬至布丁、皇家奶油鸡、明治排等。

（四）美国菜

美国菜是在英国菜的基础上发展起来的，继承了英式菜简单、清淡的特点，口味咸中带甜。美国人一般对辣味不感兴趣，喜欢铁扒类的菜肴。美国盛产水果，美式菜的沙拉中水果用得最多，例如，用香蕉、苹果、梨等做沙拉最为普遍。另外，在热菜中也常使用水果，如菠萝焗火腿、苹果烤火鸡、炸香蕉等。另外，在美国素食和生食比较盛行，喜欢吃各种新鲜蔬菜和各式水果。美国人饮食要求并不高，只要营养、快捷。在烹调方面，美国菜所使用的方法主要有煮、蒸、烤、铁扒等。

典型的美国菜有苹果黄瓜沙拉、西冷牛排、化道尔夫沙拉、美式花旗大虾、美式螃蟹杯、美式煮鱼、烤火鸡等。

（五）俄罗斯菜

沙皇俄国时代的上层人士非常崇拜法国，贵族不仅以讲法语为荣，而且饮食和烹饪技术也主要学习法国。但经过多年的演变，特别是因俄罗斯地寒，食物讲究热量高的品种，逐渐形成了自己的烹调特色。传统的俄式菜一般油性较大，口味也较浓重，而且酸、甜、咸、辣味俱全。俄罗斯因气候原因，饮食中肉类占有较大比例，因此，其烹调方法以烤、焖、煎、炸、熏见长。

俄罗斯人喜食热食，讲究小吃，擅做菜汤。俄式小吃主要是指各种冷菜，其特点是生鲜，味酸甜，如鱼子酱、酸黄瓜、冷酸鱼等。俄式小吃品种之多、花样之全、风味之独特，是其他国家无可比拟的。俄罗斯人还喜欢做菜汤，他们每日膳食中必有用肉、鲜白菜、酸白菜及其他多种蔬菜和调料制成的菜汤。常见的菜汤有 60 多种，鱼汤的款式也很多，其中莫斯科红菜汤就颇具盛名。

俄式菜肴的名菜有什锦冷盘、鱼子酱、莫斯科红菜汤、莫斯科式烤鱼、红烩牛肉、鱼肉包子、黄油鸡卷等。

三 西餐的礼规

西餐礼仪是西餐礼仪式的统称，是一套约定俗成的带有浓厚的西方民族文化背景的饮食习俗。它由一系列具有西方民族特色的具体礼节构成，是一个表现礼貌的系统而完整的过程，是一个人内在修养和素质的外在表现，也是西方国家人际交往中的一种艺术。西餐非常讲究食品的健康、合理搭配，什么样的主菜搭配什么样的副菜并搭配什么样的饮料酒水都是有较严格的规定的。做客也好，请客也好，既要懂菜单，又要懂饮料知识、饮料器具用途等。

（一）5M 原则

研究西餐的学者们经过长期的探讨和总结认为，吃西餐应讲究以下 5M 原则。

1. 会面（Meeting）

Meeting 指的是邀请哪方面的人士出席，请多少人出席以及选择主宾双方都适宜的宴请时间。吃西餐的伙伴最好是亲朋好友或趣味相投的人。所以在西餐厅内，氛围一般很温馨，少有面红耳赤的场面出现。

2. 菜单（Menu）

当走进咖啡馆或西餐馆时，服务人员会先领入座，待坐好后，首先送上来的便是菜单。菜单视为餐馆的门面，老板也一向重视，采用最好的材料做菜单的封面，有的甚至用软羊皮打上各种美丽的花纹，显得格外典雅精致。菜单上以店名命名的菜单，相当于中餐厅的“招牌菜”，是餐厅下功夫做出的菜，这道菜品不要错过。

另外，要特别说明的是，不以吃中餐的习惯来对待西餐的点菜问题，即不要对菜单置之不理，不要让服务员为你点菜。因为看菜单点菜已成了吃西餐的一个必不可少的程序，是一种优雅生活方式的表现。

3. 环境（Media）

西餐更讲究氛围。西餐进餐氛围追求严谨，富于审美情趣，讲究环境雅致，气氛和谐。一定要有音乐相伴，桌台整洁干净，所有餐具一定要洁净。豪华高级的西餐厅，通常会有乐队演奏一些柔和的乐曲，一般的西餐厅也会播放一些美妙典雅的乐曲。但是，这里最讲究的是乐声的“可闻度”，即声音要达到“似听到而又听不到”的程度，就是说，要集中精力和友人谈话就听不到，在休息放松时就听得到，这个火候要掌握好。如遇晚餐，要灯光暗淡，桌上要有红色蜡烛，营造一种浪漫、迷人、淡雅的气氛。

4. 举止（Manner）

Manner 指的是“吃相”和“吃态”，吃西餐就应遵循西方的习俗。要注意餐桌上的语言举止，让菜不劝菜，祝酒不劝酒，吃东西时不发出声音，不满桌满地乱吐，不在餐桌上整理妆容。关于西餐当中的用餐规范在下面会做详细介绍。

5. 费用（Money）

费用方面中外有别。国际交往要强调节俭，强调务实，强调宴请的少而精，反对铺张浪费。尤其是商务宴请不要给人以铺张浪费的感觉。

（二）西餐座次安排

西餐一般使用长桌，桌次高低由离主桌位置远近而定；女士优先，在排西餐座次时，主位请女主人就座，而男主人位居第二位；在排座次时，以右为尊；面对正门者为上座，背对正门者为下座；男女交叉排列，生人与熟人交叉排列。西餐排座次还有个规矩，即每个人入座或离座，均应从座椅的左侧进出。礼宾次序是排定座位的主要依据，同时也要考虑客人的政治倾向、人事关系等，适当对座次做出相应的调整。

（三）西餐用餐顺序

西餐菜单上有几大类，分别是开胃菜、汤、沙拉、海鲜、肉类、点心等。

选菜决定主菜。主菜如果是鱼，开胃菜就选择肉类，这样在口味上就比较富有变化。如果食量不是特别大，一般只要开胃菜和主菜各一道，再加一份甜点就够了。可以不要汤或者省去开胃菜，这也是很理想的组合。值得注意的是，在意大利菜中，意大利面被看成汤，所以原则上意大利面和汤不能一起点。

正式的全套餐点上菜顺序如下。

1. 头盘

西餐的第一道菜是头盘，又称为开胃品。开胃品的内容一般有冷头鱼和热头鱼之分，常见的品种有鱼子酱、鹅肝酱、熏鲑鱼、鸡尾杯、奶油鸡酥盒、焗蜗牛等。因为要开胃，所以开胃菜一般有特

色风味，味道以咸和酸为主，而且数量少，质量较高。

2. 汤

和中餐不同的是，西餐的第二道菜是汤。西餐的汤大致可分为清汤、奶油汤、蔬菜汤和冷汤四类。品种有牛尾清汤、各式奶油汤、海鲜汤、美式蛤蜊汤、意式蔬菜汤、俄式罗宋汤、法式焗葱头汤。冷汤的品种较少，有德式冷汤、俄式冷汤等。

3. 副菜

鱼类菜肴一般作为西餐的第三道菜，又称为副菜。品种包括各种淡、海水鱼类、贝类及软体动物类。通常水产类菜肴和蛋类、面包类、酥和菜肴品都称为副菜。因为鱼类等菜肴的肉质鲜嫩，比较容易消化，所以放在肉类菜肴的前面，叫法也和肉类菜肴有区别。西餐吃鱼类菜肴讲究食用专用的调味汁，品种有鞑靼汁、荷兰汁、酒店汁、白奶油汁、大主教汁、美国汁和水手鱼汁等。

4. 主菜

肉、禽类菜是西餐的第四道菜，又称为主菜。肉类菜肴的原料取自牛、羊、猪等各个部位的肉，其中最有代表性的菜是牛肉和牛排。牛排按其部位又可分为西冷牛排、“T”骨牛排、菲力牛排、薄牛排等。其烹调的方法常用煎、烤、铁扒等。肉类菜肴配用的调味汁主要有西班牙汁、浓烧汁精、蘑菇汁、白尼斯汁等。

禽类菜肴的原料取自鸡、鸭、鹅，通常将兔肉和鹿肉等野味也归入禽类菜肴。禽类菜肴品种最多的是鸡，有竹鸡、山鸡、火鸡，可煮、炸、烤、焖，主要的调味汁有黄油汁、咖喱汁、奶油汁等。

5. 蔬菜式菜肴

蔬菜类菜肴可上蔬菜沙拉，可以安排在肉类菜肴之后，也可以和肉类菜肴同时上桌，所以可以算为一道菜或称为一种配菜。蔬菜类菜肴在西餐中称为沙拉。和主菜同时上的沙拉，称为蔬菜沙拉，一般用生菜、西红柿、黄瓜、芦笋等制作。沙拉的主要调味汁有醋油汁、千岛汁、奶酪沙拉汁等。

沙拉除了蔬菜之外，还有另一类是用鱼、肉、蛋类制作的，这类沙拉一般不加味汁，在进餐顺序上可以作为头盘。

还有一些蔬菜是熟的，如花椰菜、煮菠菜、炸土豆条。熟食的蔬菜通常和主菜的肉食类菜肴一同摆放在餐盘中上桌，称为配菜。

6. 甜品

西餐的甜品是主菜后食用的，可以算作第六道菜。从真正意义上讲，它包括所有主菜后的食物，如布丁、煎饼、奶酪、水果等。

7. 咖啡、茶

西餐的最后一道是上饮料、咖啡或茶，喝咖啡可以加糖和淡奶粉。茶可以加香桃片和糖。

（四）西式餐具

西餐所需的器具可分为银器、瓷器、玻璃器皿、上菜盘和厨房用品五大类。西式餐具的使用方法相对复杂。下面对刀、叉等主要餐具加以简单介绍。

1. 刀、叉、勺

（1）刀、叉、勺的使用。东方人进餐时的主要工具是筷子，而西方人进餐时则要用刀叉。正确的持刀方法是，右手持刀，拇指抵刀柄一侧，食指按在刀柄的背上，但是不应触及刀背，其余三指则以无名指和小指为支撑。刀叉并用时，左手持叉，右手持刀，持刀叉姿势如前所述，只不过持叉时叉齿应该向下。在正式场合下，勺子有多种，小的是用于喝咖啡和食用甜点心的；扁平的用于涂黄油和分食蛋糕；比较大的，用来喝汤或盛碎小的食物；最大的是公用分食汤的，常用于自助餐。

刀叉是从外侧向里侧按顺序使用的（事先按使用顺序由外向里依次摆放）。进餐时，一般是左右手互相配合，即一刀一叉成双成对使用的。刀叉有不同规格，按照用途不同，其尺寸的大小也有区别。吃肉时，不管是否要用刀切，都要使用大号的刀。吃沙拉、甜食或一些开胃小菜时，要用中号刀叉。喝汤时，要用大号勺，而喝咖啡和吃冰激凌的时候，则用小号为宜。叉子和勺子可入口，但刀子不能放入口中，不管它上面是否附有食物。

进餐时，手持刀叉时切勿来回挥舞。发言或交谈时，应将刀叉放在盘上才合乎礼仪。在餐桌上进餐，在享用美食的同时大家仍然也要开心畅谈一番。这时，可以拿着刀叉，不用放下来，但不要挥舞，也不要将刀叉竖起来握在手中，切勿放肆地大笑或大声喧哗，这会让人感到胆战心惊，实际上这种危险的举止的确对人对己都是一种威胁。不要一只手拿刀或叉，而另一只手拿餐巾擦嘴；也不要一只手拿酒杯，另一只手拿叉取菜。任何时候，都不要将刀叉的一端放在盘上，另一端放在桌上。

（2）刀叉的暗示语。通常吃西餐时，在餐厅里很多时候只是听见刀叉的声音，很少见到客人总是在呼叫服务员忙这儿忙那儿的。这是因为，客人们普遍懂得使用“刀叉语言”，在桌子上进餐时的一举一动已经在告诉服务人员你的意图，受过训练的服务员会按照你的愿望去为你服务，满足你的要求。刀叉同摆成“八”字形状摆在盘子中央，表示没吃完，还要继续吃；将刀叉并排在盘中，表示已经吃完了，可以将这道菜或盘子拿走。

2. 餐巾

（1）餐巾的使用。在西餐中，使用餐巾是为了防止用餐时弄脏衣服。它除了可以用来擦拭嘴、手以外，也可以在吐出杂物时起掩饰作用，适用范围相当广泛。

在正式场合应将餐巾打开后对折成长方形或三角形，平放在大腿上，并将开口朝外置于膝上，不要塞在领口里。对折的目的在于防止错拉到餐巾，而开口朝外则是方便拿起擦拭嘴巴。擦拭嘴巴时，拿起餐巾的末端顺着嘴唇轻轻压一下，弄脏的部分为了不让人看见，可往内侧卷起。吐出杂物时，可利用餐巾遮住嘴后，用手指拿出来或吐在叉子上后再放在餐盘上。也可以直接吐在餐巾内，再将餐巾向内侧折起。通常服务生会注意到并换上一条新的餐巾。不过，用餐巾来擦汗或是擦鼻涕或是将口红整个印在餐巾纸上等都是失礼的。涂了口红的人应在用餐前以面纸轻压。

（2）餐巾的暗示语。餐巾在西餐中除了具有保持服装清洁、擦拭口部的作用外，还有特殊的暗示作用。

暗示用餐开始。按惯例，享用西餐时，就餐客人均自觉应向女主人看齐，当女主人为自己铺上餐巾时，一般等于正式宣布用餐开始。在餐厅，通常是在点完菜后才将餐巾打开。在决定点菜之前，只点了开胃酒，由于没有必要担心会滴到衣服上，所以一开始就将餐巾打开是违反餐桌礼仪的。

暗示暂时离开。用餐期间离开餐位，轻轻地将餐巾折好，很自然地将餐巾留在椅子上，表示用餐没结束，将很快返回；切勿将餐巾搁在桌上，这样就暗示你不再吃，服务员可以来收走餐具，不会再为你上菜了。

暗示用餐结束。当女主人把自己的餐巾放在餐桌上，则宣告用餐结束，其他客人见此情景应停止进餐，自觉告退。用餐完毕，餐巾大致叠好，也可以不叠好，放在餐桌上，不要乱扔。

（五）西餐用餐规范

西餐的具体吃法和中餐有很大区别。

1. 吃面包

面包一般掰成小块送入口中，不要拿着整块面包去咬。抹黄油和果酱时也要先将面包掰成小块再抹，抹一块，吃一块。掰面包，涂奶油，须在盘中进行，不要拿在手中。

吃三明治时，小的三明治和烤面包是用手拿着吃的，大点儿的吃前先切开。配卤汁吃的热三明治需要用刀和叉。

2. 吃肉类

西方人吃肉（牛排、羊排、猪排）一般是大块的。吃的时候，用刀、叉把肉切成小块，大小刚好是一口。可以吃一块，切一块，也可以一下子切好，再慢慢品尝。但一定不要用叉子把整块肉夹到嘴边边咬、边咀嚼、边吞咽。

吃牛肉（牛排）的场合，由于可以按自己的喜好决定生熟的程度，预订时，服务人员或主人会向你问生熟的程度。

吃有骨头的肉，比如，吃鸡的时候，是不能用手撕的，要用叉子把整片肉固定，再用刀沿骨头插入，把肉切开，边切边吃。如果骨肉很小，可以用叉子把它放进嘴里，在嘴里把肉和骨头分开后，再用餐巾盖住嘴，把它吐到叉子上然后放进碟子里。不过需要直接动手的肉，洗手水往往会和肉同时端上来，一定要时常用餐巾擦干手和嘴。

通常西餐中的鱼都是去掉刺后煎煮鱼肉的。有时也会上整条鱼，吃鱼时先用专门的刀子把鱼头切掉，吃鱼不要把鱼翻身，吃完上层后用刀叉剔掉鱼骨后再吃下层。

3. 吃沙拉

西餐中，沙拉往往作为主菜的配菜，比如，蔬菜沙拉，这是常见的；作为间隔菜，比如，在主菜和甜点之间；作为第一道菜，比如，鸡肉沙拉。

如果沙拉是一大盘端上来的，就使用沙拉叉，如果和主菜放在一起则要使用主菜叉来吃。

如果沙拉是间隔菜，通常要和奶酪、炸玉米片等一起食用。先取一两片面包放在自己的沙拉盘上，再取两三片玉米片。奶酪和沙拉要用叉子吃，而玉米片可以先用手拿着吃。

如果主菜沙拉配有沙拉酱，可以先把沙拉酱浇在一部分沙拉上，吃完这部分后再加酱。直到加到碗底的生菜叶部分，这样浇汁就容易了。

沙拉习惯的吃法是将大片的生菜叶用叉子切成小片，如果不好切可以刀叉并用。一次只切一块，吃完再切。

4. 喝汤

喝汤用汤匙。喝汤时，不要舔嘴唇或咂嘴发出声音。即使汤菜再热，也不要用嘴吹至冷却，这是一种不良的用餐习惯。要用汤匙从里向外舀，汤碗里的汤快喝完时，可以用左手将汤碗的外侧稍稍翘起，用汤匙舀净就可以了，同时应牢记不要刮碗底或弄出其他声响。喝完后，将汤匙留在汤碗里，匙指向自己。

5. 意大利面

吃意大利面时，要用叉子慢慢地卷起面条，每次卷四五根最方便。也可以用调羹和叉子一起吃，调羹可以帮助叉子控制油滑的面条。不能直接用嘴吸，不然容易把汁溅得到处都是。吃意大利面最需要注意的是不要让面条挂在嘴边，也不要发出“呼噜呼噜”的声音。

6. 水果

在许多国家，把水果作为甜点或随甜点一起送上。通常是许多水果混合在一起，做成水果沙拉或做成水果拼盘。

吃水果的关键是怎样去掉果核，不能拿着整个去咬。有刀叉的情况下，应小心使用，用刀切成四瓣再去果核，用叉子叉着吃，要注意别把汁溅出来。没有刀或叉时，可以用两个手指把果核从嘴里轻轻拿出，放在果盘的边上。把果核直接从嘴里吐出来，是非常失礼的。

7. 西式快餐和小吃

汉堡面包和热狗是用手拿着吃的，但一定要用餐巾纸垫住，让酱汁流到餐巾纸上，而不是流到手或衣服上。为防止万一，可以一只手拿餐巾纸垫住，另一只手准备一两张餐巾纸备用。

比萨饼可以用手拿着饼块，把外边转向内，防止上面的馅儿掉出来。但一般晚餐的餐桌上是看不到比萨饼的。

玉米薄饼是一种普遍的用手拿着吃的食物。可以蘸上如土豆或番茄酱等混合酱后再吃。

油煎食品和薯片，可以用手拿着吃，也可以用叉子吃。

小贴士

几种西餐礼仪须知

(1) 预约的窍门。越高档的饭店越需要事先预约。预约时，不仅要说清人数和时间，也要表明是否要吸烟区或视野良好的座位。如果是生日或其他特别的日子，可以告知宴会的目的和预算。在预定时间内到达，是基本的礼貌。

(2) 再昂贵的休闲服，也不能随意穿着上餐厅。

(3) 吃饭时穿着得体是欧美人的常识。去高档的餐厅，男士要穿着整洁的衣服和皮鞋；女士要穿套装和有跟的鞋子。如果指定穿正式服装的话，男士必须打领带。

(4) 最得体的入座方式是从左侧入座。当椅子被拉开后，身体在几乎要碰到桌子的距离站直，领位者会把椅子推进来，腿弯碰到后面的椅子时，就可以坐下来。

(5) 用餐时，上臂和背部要靠到椅背，腹部和桌子保持约一个拳头的距离，两脚交叉的坐姿最好避免。

(6) 正式的全套餐点上菜顺序是：菜和汤—水果—肉类—乳酪—甜点和咖啡—水果，还有餐前酒和餐酒。没有必要全部都点，点太多却吃不完反而失礼。稍有水准的餐厅都不欢迎只点前菜的人。前菜、主菜（鱼或肉择其一）加甜点是最恰当的组合。点菜并不是由前菜开始点，而是先选一样最想吃的主菜，再配上适合主菜的汤。

(7) 点酒时不要硬装内行。在高级餐厅里，会有精于品酒的调酒师拿酒单来。对酒不大了解的人，最好告诉他自己挑选的菜色、预算、喜爱的酒类口味，请调酒师帮忙挑选。

(8) 主菜若是肉类应搭配红酒，鱼类则搭配白酒。上菜之前，不妨来杯香槟、雪利酒或吉尔酒等较淡的酒。

第三节 舞会礼仪

舞会，由于其形式自由活泼，内容健康，并且具有较强的群众性和娱乐性，因此，是社交活动中经常采用的一种形式。经常参加舞会可以帮助人们陶冶性情，逐步加深彼此之间的友谊，解除生活或工作中的烦恼和压力。在组织或参加舞会的时候，必须注意礼仪，否则会给人以没有知识、缺乏修养、不懂礼貌的感觉，损害自己在公众中的形象。舞会礼仪并没有严格的明文规定，往往都是人们约定俗成的。组织舞会和参加舞会，一般应注重以下礼仪。

一 组织舞会的礼仪

组织舞会需要精心安排，力求使舞会的气氛活泼、热烈且又不失典雅。

（一）邀请参加人员

比较正式的舞会或家庭舞会首先应考虑的是邀请哪些人员来参加舞会，并给每个被邀请者发一张请帖。请帖上应注明开舞会的时间、地点和要参加的人员，最好简要说明开舞会的事由或者目的。

（二）布置舞场

布置舞场首先应注意所选择舞场的大小。舞场的大小，应与客人多少相适应，根据发请帖的多少估计将有多少客人来参加舞会。舞场过小，客人有拥挤感，不便于翩翩起舞；舞场过大，整个舞场空空荡荡，又显得气氛不够热烈。另外舞场的布置要突出“欢快”“热烈”的气氛，场地空间可用彩色花环、飘带、彩灯等加以装饰。灯光的亮度及颜色应调整好，既不能太亮，也不能太暗。太亮了影响气氛，太暗了容易使人感到压抑。同时，还要准备好音响和音乐，如果条件好的还可以请乐队来演奏，舞场四周应摆放好足够的桌椅，以供来宾在跳舞间隙就座。如果是比较重要的酬宾舞会，应免费供应饮料，还可以放一些糖果之类的小食品。总之，舞场的布置就是要求典雅大方，造就良好的氛围，创造优雅的环境，提高人们的兴致。

（三）选择合适的舞曲

跳舞必须有舞曲伴奏，所以舞曲的选择对客人情绪的影响是很大的。好的舞曲能够创造出高雅、欢快、美妙的舞场气氛，必然受到舞客的欢迎，把舞会推向高潮。舞会主办者既要选择一些民族乐曲或世界名曲作为伴奏曲，也要选择一些受大众欢迎的流行乐曲作为伴奏曲，以提高共鸣。舞曲的选择，应根据对象而定，以利于创造良好的气氛。舞曲要丰富多彩，各种舞步的舞曲要穿插播放，音量要适中，不宜过大或过小。

（四）安排舞伴

舞会一般是男女相伴起舞，因此，舞会主持者应考虑舞客的性别比例以及年龄层次，安排一定数量的伴舞人员。如举办会议专场舞会时，代表中一般以男性居多，舞会主持者应事先从本单位或兄弟单位邀请一些女士前来伴舞。

（五）做好安全保卫工作

舞会从开始到结束，都要十分重视做好安全保卫工作。闲散人员不准入内，严防社会不良人员混入闹事。衣冠不整者谢绝入场。舞场的气氛要尽量热烈，但舞风必须端正。当发现个别舞客举止不轨时，应让保安人员劝阻或劝其退场。

另外，还要有专人保管舞客的衣服、财物，严防发生舞客财物丢失等不愉快的事件。在舞会进行过程中应尽量避免打架斗殴、盗窃等事件的发生，确保舞会的正常进行，防止因一点小事而导致舞会不欢而散。

二 参加舞会的礼仪

参加舞会，应注意自己的身份，遵循一定的礼节，做到文明高雅、彬彬有礼，在舞会中树立自己的良好形象。

（一）做好准备

当接到主人的邀请时，如无特殊情况，应愉快地接受，并明确告知主人是否应邀前往、是否带女伴参加等情况。如遇特殊情况不能前往，应向主人说明理由。接受邀请后应做好准备工作。首先，应该修饰仪表仪容，总的要求是仪表仪容整洁、大方，女士要化妆，并注意发型，衣着可华贵些，但要注意得体。夜晚参加舞会，妆色可以浓一些，但不可过分妖艳，可以佩戴饰物。男士的头发要梳理整齐，不蓄须的应事先剃须，可以着西装并系领带，也可着其他礼服，包括衬衣、领带、鞋等也要讲究。男女上舞场前最好往身上洒点香水。男青年要给人以充满青春活力的印象，女青年要显得端庄大方、热情活泼。

应邀者热天参加舞会前要洗澡，以免汗味熏人，让对方不快。参加舞会前饮食要合理，过饥、过饱都是不适宜的。不要饮酒和吃葱蒜之类的食物，以免产生异味影响对方，应事先刷牙漱口，清除口中的异味，必要时可准备一些口香糖之类的食品。如遇身体不适，不要勉强参加舞会。

刚学跳舞的同志，下舞场前最好多学几种舞步，否则会影响别的舞伴跳舞。另外，不要在舞场学舞步，这样会影响对方的情绪。

（二）步入舞场

一切准备妥当之后，应主动相约、优雅大方地步入舞场。步入舞场脚步要不快不慢，既不能急匆匆、迫不及待地入场，也不要懒懒散散、无精打采地进场。入场时要向舞场保安人员点头示意或出示入场券。进入舞场后，应主动与主持者及周围熟悉的客人打招呼，并在指定的区域就座。待舞曲响起时，应主动邀请舞伴，相伴而舞。

（三）邀舞的礼仪

交谊舞体现着人们的青春、活力和朝气，是一种很好的社交方式，有促进友谊和联络感情的作用。因此，对一个注意社交礼仪的人来说，交谊舞是一门不可或缺的必修课。

男女即使互不相识，但只要参加了舞会，都可以主动邀请别人共舞，而且通常是由男士主动去

邀请女士共舞。

邀舞时，男士应步履庄重地走到女士面前，弯腰鞠躬，同时轻声微笑着说："想请您跳个舞，可以吗?"弯腰以 15 度左右为宜，不能过分。否则，会有不雅之嫌。

当你有意邀请一位素不相识的女士跳舞时，必须先认真观察好她是否已有男友伴舞，如有，一般不宜前去邀请，以免发生误解。

在正常的情况下，两个女士可以同舞，但两个男士却不能同舞。在欧美，两个女士同舞表示她们在现场没有男伴；而两个男士同舞，则意味着他们不愿向在场的女伴邀舞，这是对女性的不尊重。所以，只有当两位女士已在舞池内旋转起舞时，两位男士才可采取同舞的方式，追随到她们身边，然后共同向她们邀舞，进而分别组合成两对男女舞友。

邀舞者应彬彬有礼，谦恭自然，受邀者应落落大方，不能紧张和做作。如果是女士邀请男士，男士一般不得拒绝。音乐结束后，男士应将女士送到其原来的座位。待其落座后，说一声："谢谢，再会!"然后方可离去，切忌在跳完舞后，不予理睬。

不论是男士或女士，如果一个人单独坐在远离人群的地方，别人就不要去打扰。但如果她是坐在一群人的中间，则可以邀请她跳舞。一般来讲，女士也不应该随意拒绝邀请。如已有人邀请在先，则可以婉言解释："对不起，已经有人邀请我跳了，下一个曲子再和您跳吧!"如表示谢绝，则可以说："对不起，我累了，想休息一下。"或者说："我不大会跳，真对不起。"以此来求得对方的谅解。已经婉言谢绝别人的邀请后，在一曲未终时，女士不宜再同别的男士共舞。

如果同时有两位男士去邀请一位女士共舞，通常女士最好都礼貌地拒绝。如果已同意其中一方的邀请，对另一方则应表示歉意，应礼貌地说："对不起，只能请您跳下曲了。"

当女士拒绝一位男士的邀请后，如果这位男士再次前来邀请，在确无特殊情况下，女士应答应与之共舞。有的男士自带舞伴，两人多跳几场也无不可。但如果别人来请，一般也不能拒绝，女士不能说"我不认识你，不跟你跳"这类话。男士和夫人一同去跳舞，跳过一曲之后，如果有人前来向其夫人邀舞时，应按礼节促请夫人接受，绝不能代夫人回绝对方的邀请，这也是失礼的表现。

(四) 舞姿与风度

跳舞的风度，主要是指舞者的舞姿和表情等方面表现出来的美。跳舞中，男女双方都应面带微笑，说话声音要轻细，不要旁若无人地大声说笑。讲话时只要对方听到即可。舞姿要端正、大方和活泼，整个身体应始终保持平、正、直、稳，无论是进是退，还是向前、后、左、右方向移动，都要掌握好重心，如果身体摇摇晃晃，肩膀一高一低，甚至踩了对方的脚，都是有失风度的。在跳舞时，男女双方的神态要轻盈自若，给人以欢乐感；表情应谦和悦目，动作要协调舒展，给人以和谐感。男士不要强拉硬拽，女士不可挂在、扑在对方身上，这样既让对方有不胜负担之苦，自己也有失雅观。女士跳舞时态度固然应和谐可亲，但不能乱送秋波，有失稳重。即使是热恋中的一对，也不宜过分亲昵，因为这对周围的人来说是不礼貌的。

舞姿应力求标准正确。一般是男士用右手扶着女士腰肢，手掌心向下向外，用右手大拇指的背面轻轻地将女士挽住即可，不应用掌心紧贴女方腰部。男方的左手应让左臂以弧形向上与肩部成水平线举起，掌心向上，拇指平展，只将女伴的右掌轻轻托住，不能随意捏紧或握住。女伴的左手应轻轻放在男方右肩上，而不应勾住男方的脖颈。跳舞时，双方不能握得或搂得过紧，有些舞蹈动作需握搂时，也应一拥而过，停留时间过长则有失风度。一曲终了，双方应立即分开，缓缓退出舞池，切不可继续共舞或搂扶。男伴应将女伴送至座位。跳回步舞（布鲁斯）时，舞步可稍微大些，表现出庄重、典雅和明快的姿态；跳三步舞（华尔兹）时，双方应保持一臂的距离，让身躯略微昂起向右，使旋转时重心适当，表现出热情、舒展、轻快的情绪与节奏；跳探戈舞时，随着乐曲中切分音所含节拍的弹性跳跃，因男女双方的步法与舞姿变化较多，舞步可稍大些，但男士应注意不可将脚伸入女士两脚间过远，回旋时也不要把女士拉来拖去；跳伦巴舞时，男女双方可随着音乐节奏轻轻扭动腿部及脚踝，但臀部不应大幅度地摆动。

在舞场中还应做到举止文明，行为端庄。首先语言要文明，不能满口污言秽语。其次举止要文雅，走路脚步要轻，不能单个人进入舞池，如果有事找人，也应等到这支曲子结束时，才能去找。找座位时应向旁边的客人有礼貌地询问："这里有人吗?"最后，还要注意舞场卫生，不能乱扔纸屑或瓜果皮壳之类的东西。

（五）礼貌退场

当音乐停止，主持人宣布本次舞会结束时，要听从安排，按时结束，不能因为自己没有跳够而迟迟不愿退场，也不能急匆匆地抢在别人前面离去。应该向主人道别后，将衣帽穿戴整齐，然后退出舞场。

舞会上女士穿着注意事项

对于女士来说，装束应该是长款的，宜穿裙摆较大、长及脚踝的裙子，并做到所能承受的最精致的程度，使舞姿更飘逸动人。职业套装一般不适于舞会。穿裤子通常是不允许的，除非这种女裤的设计非常精致，看起来和正式的舞会女裙一样得体。初次参加社交活动的女士多穿着白色衣裙。穿无袖或无肩带的女裙的女士，可以戴长手套，这种手套可以一直戴到舞会开始以后。但是开始跳舞或者晚餐开始时，应当脱掉手套。

三 舞会主人的礼仪

作为舞会的主持人或主人，除了要布置好舞场，为舞会创造欢快、热烈的气氛外，还要在舞会进行中注意以下几个方面的礼仪。

首先，作为舞会的主持人或主人化妆应该适当，如果你是一位少女，不要梳太造作的发型，不能抹太浓的脂粉，只需涂上鲜艳的唇色，比平时多加装扮即可。

其次，在舞会上，主持人或主人要注意照料客人，把害羞的青年介绍给同伴。安排他们坐在一起，但介绍时要考虑他们的个子高矮是否合适、性格是否相近等因素。主人可以在舞会开始前或音乐的间歇，对单身的男青年说："我给你介绍一个不错的舞伴吧！"并把他带到一位女青年身边，做一简单介绍，然后鼓励他们一起跳舞。

在第一首音乐开始时，你作为女主人，如果没有舞伴，可以选一个比较要好的男朋友带头先下舞池；之后，每一首音乐，你都应该轮着去跟所有的异性朋友跳舞，主动地邀请或者答应朋友的邀请。别人有舞伴同来的，就只能邀请别人一次。舞会开始时，如果迟迟还未有男士去邀请小姐起舞，男主人就必须负起这个责任，轮流去邀请座中任何一位小姐起舞。当第二支舞曲奏起时，男女主人发觉有的客人没有被邀请起舞时，男主人或女主人就应该承担起这个责任与之共舞。舞会在进行过程中，如果所有的宾客都一一起舞，为了使舞池不致太拥挤和做好舞会服务工作，男女主人应该从舞池中退出来。

总之，舞会的主持人或主人要控制场内的情绪，使整个舞会自始至终地保持热烈、欢快的气氛和文明、健康、优雅的情调。

第四节 茶会礼仪

茶会在我国有着悠久的历史。最早的茶会是为了进行交易和买卖。后来，茶会推而广之，成为一种用茶点招待宾客的社交性聚会形式。茶会既属于宴请的一种形式，又属于会议的一种，因而它具有宴请和会议的双重特点，从而在形式上较为自由，在气氛上更为融洽。在公务活动中，茶会主要是以交流思想、联络感情、洽谈业务、开展公务等为目的。茶会礼仪，就是指人们在各种茶会活动中应遵守的礼仪。

一 茶会准备礼仪

茶会准备礼仪，是指茶会组织者在茶会准备阶段应遵守的礼仪。

（一）正确拟定茶会的形式

茶会形式多种多样，有品茶会、茶话会、音乐茶座等。一般庄重、高雅的茶友间相聚多用品茶会；单位集体座谈某种事项用茶话会；娱乐、消遣性聚会宜安排音乐茶座。

（二）选择合适的茶具

在招待客人时，茶具应有所讲究。从卫生健康角度考虑，泡茶要用茶壶，茶杯要用有柄的，不要用无柄茶杯。这样做的目的是避免手与杯体、杯口接触，传播疾病。茶具一般应选择陶质或瓷质器皿。陶质器皿以江苏宜兴的紫砂茶具为佳。不要用玻璃杯，也不要用热水瓶代替茶壶。如用高杯（盖杯），则可以不用茶壶。有破损或裂纹的茶具是不能用来待客的。

（三）选择合适的茶叶

由于是茶会，客人对茶叶的要求可能较高。不同的地区饮茶的习惯不同，应准备的茶叶也就不尽相同。广东、福建、广西、云南一带习惯饮红茶，近几年受港澳台地区影响，饮乌龙茶的人也多了起来。江南一带饮绿茶比较普遍，北方人一般习惯饮花茶，少数民族地区大多习惯饮浓郁的紧压茶。

就年龄来讲，一般地说，青年人多喜欢饮淡茶、绿茶，老年人多喜欢饮浓茶、红茶。不同情况下，应准备不同的茶叶，但都应该有特色。

（四）布置要得当

品茶会布置要有地方特色，对茶叶和茶具的准备和摆布都有讲究。茶话会则比较随便一些，可加摆糖果、瓜子等。音乐茶会更加自由、活泼，乐曲准备比茶更重要，有时可以用饮料代茶。

二 茶会进行的礼仪

（一）茶会开始

主持人应热情致辞欢迎应邀者光临，并讲明举办茶会的目的和内容。一般来说，茶会就座比较自由，也不要求有严格的顺序，可由感而发，即席发言。当比较生疏的客人发言时，主持者应介绍发言人的身份，以便大家有所了解。

（二）奉茶的时机

奉茶，通常是在客人就座后，开始洽谈工作之前。如果宾主已经开始洽谈工作，这时才端茶上来，免不了要打断谈话或者因放茶而移动桌上的文件，这是失礼的。值得注意的是，喝茶要趁热，凉茶伤胃，茶浸泡过久会泛碱味，不好喝，故一般应该在客人坐好后再沏茶。

（三）奉茶的顺序

上茶时一般由主人向客人献茶或由接待人员给客人上茶。上茶时最好用托盘，手不可触杯面。奉茶时，按先主宾后主人、先女宾后男宾、先主要客人后其他客人的礼遇顺序进行。不要从正面端茶，因为这样既妨碍宾主思考，又遮挡视线。得体的做法是：从每人的右后侧递送。

（四）斟茶的礼仪

在斟茶时要注意每杯茶水不宜斟得过满，以免溢出洒在桌子上或客人衣服上。一般斟七分满即可，应遵循“满杯酒半杯茶”之古训。

小贴士

我国旧时有以再三请茶作为提醒客人应当告辞的做法，即端茶送客。因此，在招待老年人或海外华人时要注意，不要一而再，再而三地劝其饮茶。

（五）续茶的礼仪

茶会中陪伴客人品茶要随时注意客人杯中茶水存量，随时续茶。应安排专人给客人续茶，续茶时服务人员走路要轻，动作要稳，说话声音要小，举止要落落大方。续茶时要一视同仁，不能只给一小部分人续，而冷落了其他客人。如用茶壶泡茶，则应随时观察是否添满开水，但注意壶嘴不要冲着客人方向。

（六）饮茶的礼仪

不论客人还是主人，饮茶要边饮边谈，轻啜慢咽。不宜一次将茶水饮干，不应大口吞咽茶水，喝得咕咚作响。应当慢慢地一小口、一小口地仔细品尝。如遇漂浮在水面上的茶叶，可用茶杯盖拂去，或轻轻吹开，切不可从杯里捞出来扔在地上，更不要吃茶叶。

三 茶会结束时的礼仪

茶会进行到一定程度后，主人要适时地宣布茶会到此结束。茶会结束时的礼仪类同于前面所讲宴会结束时所应注意的礼仪。主人应站在门口恭送客人离去，并说些道别的客气话。

小贴士

茶话会座次安排

（1）环绕式。就是不设立主席台，把座椅、沙发、茶几摆放在会场的四周，不明确座次的具体尊卑，而听任与会者在入场后自由就座。这一安排座次的方式，与茶话会的主题最相符，也最流行。

（2）散座式。散座式排位，常见于在室外举行的茶话会。它的座椅、沙发、茶几四处自由地组合，甚至可由与会者根据个人要求而随意安置。这样就容易创造出一种宽松、惬意的社交环境。

（3）圆桌式。圆桌式排位，指的是在会场上摆放圆桌，请与会者在周围自由就座。圆桌式排位又分两种形式：一是适合人数较少的，仅在会场中央安放一张大型的椭圆形会议桌，而请全体与会者在周围就座。二是在会场上安放数张圆桌，请与会者自由组合。

（4）主席式。在茶话会上，这种排位是指在会场上，主持人、主人和主宾被有意识地安排在一起，并且按照常规就座。

第五节 集会礼仪

集会，即通常所说的开会。作为研究和讨论相关问题、传达上级指示与精神的一种社会活动，集会是一种基本的工作方式。无论是组织会议，还是参加会议，都应当遵守一定的礼仪规范。只有了解并熟知相关的礼仪，才能在组织会议时提高会议的效率，在参加会议时表现出应有的素质与形象。

具体而言，集会礼仪表现在会议的组织、会议的参加和会风的端正三个环节。在集会中，应当对这三个方面的内容予以全面的把握。

一 会议的组织

一次集会能否高效进行、圆满完成，在很大程度上取决于会议组织者的组织工作是否周到、认真。为了确保会议的成功，无论在会议进行前、进行中还是进行后，务必遵守一定的组织规范，掌握一定的组织技巧。

（一）集会前的工作

在会议的准备阶段，大致应当遵守以下几条。

（1）要确定会议主题。所谓会议主题，即会议的指导思想和中心任务。会议的主题是会议方式、内容、议程、人员等有关环节的先决条件。只有首先明确了会议的主题，才能使会议的各项组织工作具备明确的目标，并能够按部就班地开展。

（2）要组成会务小组。为了确保会议的顺利召开，主办方应当尽快组成一个会务小组，以便分头行动、节约人力物力、提高工作效率。会务小组成员不宜过多，以免人浮于事。成员的分工要明确，大家各司其职。成员之间要定期沟通，及时解决随时可能出现的问题。

（3）要草拟会议文件。任何会议都需要组织者拟定各种文件，包括会议通知函、主题报告、会议议程表、新闻通稿等。会议文件不仅是主办方记录会议内容的必要方式，同时也是与会者参加会议的有效指南。因此，会议文件务必明确、易懂。例如，为了让与会者在参加会议前做好充分的准备，会议的通知函或邀请函一般应包含会议名称、主题、会期、出席对象、报到时间与地点以及会议要求等。缺少任何一项都有可能导致对方理解上的困难。

（4）要做好会场安排。在会议现场，往往会有许多具体而且琐碎的工作需要主办方提前考虑和安排。例如，会议使用的音响、照明、投影、摄像、空调等设备的放置与检测，会场背景、主席台、群众席、接待席、记者席的布置，笔记本、饮料、鲜花的配备以及工作人员的安排与分工等。这些具体工作的完成情况直接向与会者展示着主办方的诚心与组织能力，因此，须引起高度重视。

（5）要布置会场座次。在会议中，座次的准确排位是向与会各方表达尊重之意、使会议顺利进行的关键环节。座次安排的失误有可能引起与会者的不满和抗议。鉴于会议座次的重要性，本节将对此做详细分析。

会场座次的安排因会议规模的大小不同而有所区别。

一类是小型会议。举办小型会议时，由于与会人数较少，因此，不必专门设立主席台，全体人员围桌而坐。但与会者之间的排座仍应遵守一定之规，主要有以下三种排位方式。

第一，面门设座。会议主席就座于面对会议室正门之位，其他与会者在其两侧自左而右依次落座。

第二，依景设座。会议主席背依会议室内的主要景致，如壁画、讲台等，其他与会者同“面门设座”方式在其两侧自左而右依次落座。

第三，自由择座。由于人数较少，与会者可不讲究座次的排列，大家自由择座。当与会者身份、职位都大体相当时，尤其适合此种排位方式。

另一类是大型会议。举办大型会议时，一般都分设主席台和群众席，其中主席台还分设发言席和主持人席。主办方应对其分别排位。

安排主席台位次时，组织者要对主席团成员的身份和职位做详细的了解和比较，据此做出合理的安排。一般而言，主席台位次的尊卑顺序是：中央高于两侧；前排高于后排；左侧高于右侧。具体来说，排座时又有单数和双数之别。

会议进行中，为了让与会者听清发言，并且表示对与会者的尊重，发言者应当起立而不宜落座。因此，发言席的安排尤为重要。一般而言，发言席可设于主席台的正前方，也可设于主席台的右前方。

主持人的排座也有一定之规。一般而言，主持人的落座之处有三种选择：一是在前排正中央；二是在前排两侧的任一侧；三是按其身份所排之座，但不宜就座于后排。

在大型会议中，与会者一般就座于群众席，因此，群众席的排座有着较高的难度。一般而言，与会者在群众席上可按单位、部门或者地位、行业分别就座，跨地区的会议可按地区就座。不同归属的座位安排依据可以是与会单位、部门、行业、地区的汉字笔画的多少、汉语拼音字母的前后，也可以按地位的高低进行排座。群众席若以前后方向排座，一般以前排为高。如果在同一排有多家单位就座，则可以面对主席台为基准，自左而右进行竖排。

此外，如果对与会者的排位确实存在较多的困难或者会议本身并不具有很强的纪律性要求，与会者可采取自由择座的方式，即对位次不进行统一安排，大家在群众席上可随意落座。

（二）集会中的工作

会议举行当日，会议组织者应当各就各位，一丝不苟地完成所在岗位的工作任务。

（1）会议签到。为了明确实际到会人员，控制到会人数，严肃会场纪律，与会者进入会场前一般应在会场入口处签到。主办方应特设签到处和签到服务人员。正式参加会议者与记者应当分别签到。为便于了解与会人员实际情况和会后通信录的制作，签到内容除与会者的签名之外，还应当包括与会者的基本资料，如职务和联系方式等。

（2）会议服务。在会议举行期间，主办方一般应安排专人在会场内外负责迎送、引导、陪同与会人员，对各种实际困难及时进行处理和解决。对与会的贵宾、少数民族人士、宗教界人士、港澳台同胞和海外华侨、外国友人以及老弱病残孕者，应予以重点照顾。会议中，服务人员应当及时准备和更换与会者的饮料和纸笔。时间较长的会议，应专门设立休息室，休息室内应准备一定数量的座椅、食物和饮料等。如有必要，还应该为外来的与会者提供食宿、交通的便利。

（3）会议记录。为了便于会后的工作总结与回顾，重要的集会都应当做好相应的会议记录。会议记录大多采取笔录方式，辅以机录方式，由专人负责。会议记录应当包括会议名称、出席人数、时间地点、讨论事项、发言内容、临时动议、选举表决以及记录员姓名等内容。

（三）集会后的工作

会议结束后，主办方切不可认为已经大功告成，而应当继续完成必要的后续工作。这里所说的后续工作大致包括以下主要内容。

（1）协助返程。会议结束后，主办方应尽量向与会者提供返程的便利条件。例如，为本地区的与会人员提供交通工具等。对于远道而来的客人，更应主动为对方订购返程的车票、机票和船票，并派专人为其送行。

（2）材料处理。会议结束后，应当根据有关规定对会议期间所征集、制定或发布的图文与声像材料进行细致的收集和整理。应该汇总的材料要及时汇总，应该存档的材料要妥善存档，应该销毁的材料则要确认销毁。对于与会人员上交的材料，要认真对待，该归还的要及时归还，不可置之不理。

（3）会场整理。会议结束后，要对会场进行必要的整理，以便日后使用。未用的会议用品、礼品，要全部上交会务小组，统一处理，切不可挪为私用。租用的仪器设备，要认真检查有无损坏，并及时交还。会场的装饰物件要及时撤下回收，以备他用。

（4）会议总结。如有必要，应对会议进行文字总结。所做总结除存入档案之外，会后还应给与会人员人手一份，以示纪念。会议期间的留影、通讯录也应随总结一并寄交与会人员。如果在会议上形成了重要决议，更应及时下发或公布。

二　会议的参加

对于公关人员来说，除了参与会议的组织之外，更多的是以与会者的身份参加各种集会。参加会议有一定之规，这些规定不仅是为了确保会议顺利进行而制定的会议纪律，而且包括对与会者约定俗成的道德要求。

一般而言，出席集会时，应当严格遵守的规范主要有以下几项。

（一）规范着装

着装体现着一个人的素质修养、审美情趣，在参加各类集会时务必对自己的着装多加注意。尤其是在参加重要的、大型的集会时，着装是否规范直接反映与会者对本次会议以及主办方的尊重与否。如果着装过于随便，将直接影响与他人的交际以及他人对本单位的看法。作为有一定身份的与会者，公关人员或是在主席台上就座的公关人员往往是会议瞩目的焦点，因此，更需对自己的着装慎重考虑。

具体而言，在参加集会时，着装应力求庄重、保守、素雅。正规的制服，深色套装、套裙或是较为正式的长衫、长裙、长裤，都是合适的选择。切勿随便穿着夹克衫、T恤衫、牛仔裤、健美裤、超短裙、短裤、拖鞋等极不正规的便装参加会议。

（二）专心听讲

在参加会议的过程中，自己不发言时，应当专心听取他人发言，认真领会会议精神。专心听讲，这是对发言者表示尊重的必要表现。

要做到专心听讲，首先必须保持安静，不得大声喧哗或者与他人交头接耳、窃窃私语。随身携带的手机应调成振动或直接关闭，尤其不得在会议进行时当众接打电话。其次应检点自己的神情举止，摇头晃脑、指指点点、哈欠连天、瞌睡打盹、读书看报、东张西望、传递字条、随意走动，都是个人形象的不雅表现。

（三）遵守会纪

参加集会时，与会者应当对特定的和一般的会议纪律予以严格遵守。前者大多指主办方为了保证会议的顺利进行而对会议主题、会议议程、会议服务等所做的特别规定，与会者要切实遵循大会的这些规定，不可自作主张。例如，有的会议禁止携带照相机入场，与会人员就不能为了“留个纪念”而破坏纪律。后者则包括一系列约定俗成的会议纪律。尽管大会未必会对此做明文规定，但与会者同样应当予以严格遵守。例如，为了保持会场秩序，与会人员必须自觉遵守时间方面的有关规定。要尽量做到准时到会，不迟到不早退。在会上进行发言时，要遵守大会关于发言时间的限制规定，不得强行拖延时间。

（四）掌握技巧

在集会中，与会人员为了向他人表示尊重，往往要采用特定的言行表达方式，并且掌握一定的技巧。例如，鼓掌是会议中常用的礼节，但与会人员不宜滥用鼓掌。只有在会议开幕、闭幕，发言开始、结束，嘉宾登台、离去以及所发之言鼓舞人心时，方可鼓掌。鼓掌不合时宜，就会被人理解为起哄、捣乱。鼓掌者要把握鼓掌时间，除非情况特殊，一般不宜持续过久。鼓掌者在鼓掌时应在举止、神情上予以配合，如面带微笑、正视对方等，不可漫不经心、心不在焉。再如，会议进行中，如果与会者确有暂时离开的必要，就必须尽可能不要使自己离开的行为影响到他人的听讲，一般应当弓身从会场一侧悄然离开，待事情处理完毕后，再以相同方式回到原位。

三 会风的端正

集会能够沟通信息、上传下达、部署任务、宣传鼓动、协调咨询、处理疑难。因此，集会已经成为最为普遍的一种工作方式。但是，有的公关人员并不能正确认识和对待会议的性质与作用，甚至把会议当成摆脱工作压力、享受他人服务的度假休闲途径。会议腐败已成为当前较为严重的社会问题。因此，会风的端正是集会礼仪的重要内容，应当引起大家的重视和反省。

（一）提高认识

会议腐败产生的根源在于认识上的偏差。公关人员应当对会议本身有一个正确的认识和态度。公关人员首先应当认识到，会议是一种有效的工作方式，行政工作的开展离不开会议，要通过会议这种手段促进工作的开展。但同时应当明确，会议虽然重要，却并不是工作的全部内容。公关人员的工作重心在于公务的处理与执行，所以要更多地致力于业务能力的提高。会议的目的是更好地工作，而非休闲娱乐。倘若与会者目的不纯，只想在会上出名或者享受，将直接偏离会议的目标和宗旨，使会议本身失去其应有的意义和价值。这样做不仅劳民伤财、耽误正事，而且使国家干部脱离群众、脱离实际，从而败坏政风、污染社会风气。

（二）控制会议

基于上述原因，国家行政机关组织或参加会议都应当有严格的控制。对于集会的数量、规模、时间以及地点等条件，都应做出必要的、明确的、具体的规定。

（1）要提倡“少开会，开短会”。每一次会议都要耗费大量的人力物力，因此，会议的数量不宜过多，间隔不宜过短。只有确实出于工作的需要，才能组织集会。如果能够以其他方式代替会议或者会议的意义本身不大时，就不必开会。同时，会议要力求简短，争取在最短时间内解决问题，不拖泥带水。会议过于冗长，不仅会造成浪费，而且直接影响到与会者对会议精神的把握。

（2）要使集会制度化。要从根本上解决会风不正的问题，关键在于从制度上入手，以严格而稳定的制度避免腐败的产生。各级行政机关要尽快制定有关会议的审批、管理权限、会议岗位负责制、会议经费使用等方面的规章制度，并对其严格执行。

在类似的制度中，重点应当对什么会可开、什么会不可开、会议应当怎样开这些问题做出具体规定。尤其应对当前较为盛行的以开会为名、行旅游之实的现象坚决禁止、严肃查处。为避免这一现象发生，国家已正式规定，地方各级党政机关的会议应一律在本行政区域内召开，不得到其他地方召开。各级党政机关一律不得到庐山、黄山、峨眉山、普陀山、九华山、五台山、武夷山、九寨沟、张家界、黄果树、西双版纳、三亚 12 个风景名胜地区召开会议，不准借在其他地方开会之机到上述风景名胜地区旅游。除上述 12 个风景名胜地区之外，各地党政机关召开的会议还不准用公款组织与会人员到会议所在县、市的行政区域以外的其他风景名胜区旅游。

（3）要提高会议效率。提高会议效率，是改进会风的基本要求和基本目标。无论是会议的组织者还是参与者，都应当尽可能地节约时间、人力、物力和财力的投入，同时争取圆满的会议效果。要提高会议效率，必须对以下两个方面予以充分重视。

①要强调会议主题。每一次会议都有特定的主题，因此，会议的每一个环节都应当紧紧围绕其主题展开，避免会议的松散和与会者的分心。对于会议的组织者而言，要在会场布置、会议文件、会议程序等各个方面明确体现会议的主题；对于参与者而言，则应当严格依照会议主题活动发言，不可随意打乱会议步骤和安排。

②要限定会议时间。会议筹备阶段，组织者应当明确会议召开的起止时间，并对会议进行当中的发言时间和讨论时间做出大致的规定。时间安排一旦确定，就不宜再做更改，要严格执行。与会者应当遵守会议的时间安排，不能擅作主张。

（三）改进会议方式

只要能够解决具体问题，会议的方式可以灵活多样。运用电视、广播、电话、网络等媒体所进行的集会，都是可被推广的现代化集会方式。在传统会议方式进行中，一般性的会议发言，可以书面材料代替，尽量压缩会议内容。如果没有必要，领导就不必出席会议进行发言。

小贴士

集会时注意的事项

（1）集会时要按时入场，不迟到。开会应提前五分钟入场，按指定位置入座。

（2）服从大会统一指挥，遵守大会统一要求，开会期间不能无故提前离开，不告而退，也不要随便来回走动。

小贴士

（3）聚精会神听报告或看各种演出。不随便议论、讲话、大声喧哗、打闹，保持会场肃静。

（4）会议过程中不喝倒彩、鼓倒掌、打口哨、嬉笑、起哄、不在底下睡觉、看书刊等与会议无关的事情，做文明观众。

（5）保持会场卫生，不吃东西，不乱扔瓜果皮核，不吸烟，不随地吐痰、吐口香糖。

（6）会议结束后应以热烈掌声表示感谢和赞美；退场时不乱拥乱挤，应让领导、老师、客人先走，然后男同学让女同学先行，互相谦让。

（7）爱护公共设施不用脚蹬座椅，在前后移换座位时要沿中间过道绕行，不能跨越座椅。

（8）进入会场要脱帽，坐姿端正，不能跷二郎腿，更不能勾肩搭背。

本章小结

餐饮礼仪可谓源远流长，成为历朝历代表现大国之貌、礼仪之邦、文明之所的重要方面。正规的程序不仅可以使整个宴饮过程和谐有序，更使主客身份和感情得以体现和交流。聚会是人们在集会时所必须遵守的行为规范，遵守聚会礼仪直接关系到一个人的社交效果。本章旨在使同学们重视社交聚会并能以正确的态度参与社交聚会，了解并掌握聚会、集会、舞会、茶会的含义和礼仪规范，避免失礼于人。

复习思考

1. 列举中餐餐桌礼仪规范。
2. 简述出席舞会活动有哪些礼仪规范需要遵循。

第八章 商务涉外礼仪

案例导入

经过长期洽谈，我国南方某市的一家公司终于同德国的一家跨国公司谈妥了一笔大生意。双方在达成合约之后，决定正式为此举行签字仪式。因为当时双方的洽谈在我国举行，故此签字仪式由中方负责。在仪式正式举行的那一天，出乎中方意料的是，德方差一点要在正式签字之前“临场变卦”。

原来，中方的工作人员摆放中德两国国旗时，误以中国的传统“以左为尊”代替了国际惯例“以右为尊”，将中方国旗摆到了签字桌的右侧，而将德方国旗摆到了签字桌的左侧。

这让做事严谨的德方工作人员恼火不已，他们甚至拒绝进入签字厅。经过调解，加之中方人员主动及时地道歉，这场签字仪式才得以正常进行。

评　析

在国际商务交往中，双边签字仪式的准备工作需按国际惯例，遵循“以右为尊”的位次礼仪，即将客方的座位安排在主方的右侧，以示尊重。因此，客方的座椅及国旗也相应地放在右侧。

这个案例中，中方工作人员错误地把德方的国旗放在左侧，造成了德国工作人员的误会，以为中方公司不重视甚至看不起德国工作人员，因而十分恼怒，甚至差点放弃与中国公司的合作。

上述案例告诉我们，在国际商务交往中，对于签字仪式的礼仪不可不知。

国际商务谈判中的签字仪式礼仪涉及商务礼仪的综合规范，是国际商务活动中不可或缺的重要组成部分。由于国际商务签约涉及的环节较多，因而礼仪的讲究也就比较多，特别是签约前的准备工作、签约人员需要注意的礼仪、签约程序等。签字仪式礼仪涉及各方面关系，同时往往是谈判成功的标志，有时甚至是历史转折的里程碑，因此，一定要认真筹办，一丝不苟。

第一节 涉外接待

一 涉外礼仪的原则与立场

涉外礼仪指的是在对外交往中，对外宾表示尊重、友好的各种惯用形式，以及举行各种活动和庆典仪式的规范。熟悉涉外礼仪，讲究涉外礼仪规范，在对外交往中可以促进中外双方关系融洽，合作顺利。身为一名中国人，不论其职位高低，在对外交往中，他所代表的不仅是他自己，也代表他所在单位的形象，甚至代表整个中国的形象。因此，与外宾交往中的一言一行，都应符合涉外礼仪规范，以便更好地维护国家的尊严，维护单位及个人的形象和声誉。

今天在校的学生，虽没有专门从事涉外工作，但亦应了解一些重要的涉外礼仪规范及禁忌。只有了解与外国人相处应该怎么做、不应该怎么做，掌握这些基本知识，在以后的涉外交往中才不致出纰漏、闹笑话，方可避免产生不良的国际影响。一般情况下，接待外宾的原则是：谦虚有礼，朴素大方，不卑不亢，不拘谨，不傲慢。要尊重外宾的生活习惯，对他们的服饰、形貌不要评头论足，更不能嬉笑视之，露出异样表情。

参加外事活动，必须严守时间，不宜提前或早退，因故不能出席，要提前通知主办单位。陪同外宾要注意自己的身份，陪同人员应知自己的陪同位置，主陪人员不要走在后面，非主陪人员不要抢在前面，如有女宾应让女宾先行，乘车、上楼亦如此，以示尊重和照顾。走路、入座、乘车，应尽量让外宾在自己的右侧，以示尊重。陪外宾坐立尤要端正，坐时不能仰靠椅背伸直两脚，不能乱挠或摇晃两脚，不要把腿搭到椅子扶手上或把裤管撩起，两脚不要做有节奏的抖动。女士不要叉开两腿，站立时身子不要歪在墙上或柱子上。

在外宾面前勿做以下不雅的动作：修指甲、剔牙齿、抠鼻孔、搔痒、伸懒腰、脱鞋袜、撸袖子等。除了这些基本的礼仪外，还必须遵循国家不分大小、一律平等的原则和立场，尊重各国的风俗习惯，不卑不亢，不强加于人；从实际出发，注重实效；待人接物热情周到，举止文雅。

涉外工作中要尊重本国和他国的国格，这是国际交往中友好往来的基本条件。尊重国格，即在涉外交往中，既要维护自己国家的尊严，又要尊重他国的尊严。具体地说，不论国家大小或肤色、种族、文化习俗有何差异，都要平等相待，相互尊重国格。在国际交往中，任何时候都要记住自己是伟大的中华人民共和国的公民，绝不能做出任何有损国格的事情。涉外工作还要尊重个人人格，要维护自己和他人的尊严，丧失自己人格或蔑视他人的人格都是不应该的。

二　礼宾次序礼仪

礼仪次序就是依照国际惯例，对出席国际交往活动的国家团体和个人按某些规则和惯例排列出先后的次序。一般来说，礼宾次序体现了东道国对各国宾客所给予的一种礼遇，在一些国际性的活动上则表示各国主权平等的地位。礼宾次序排列不当或不符合国际惯例，会引起争执，甚至影响国家之间的关系。礼宾次序的排列要符合国际惯例，常见的礼宾次序有以下几种排列方法。

（一）按身份与职位高低顺序排列

在一般的官方活动中，通常按照参加活动者的身份和职务的高低安排礼宾次序。由于各国的国家体制不同，对职务的设立和高低的排序不尽相同，安排礼宾次序时就要根据各国的具体情况按照相应的级别和官衔进行，将各国提交的正式名单或正式通知作为确定职务高低的主要依据。

（二）按参加国的国名字母顺序排列

在国际会议和体育比赛及一些多边活动中，通常都采取按国名的字母顺序进行排列的方法。一般来说是以英文字母的顺序排列，有时也根据其他语种的字母排列。通常情况下，东道主都安排在最后，以表示谦虚和对其他参加国的欢迎。

（三）按派遣国通知代表团组成的日期先后排列

对身份、规格大体相等的各国代表团，东道主通常采用按派遣国通知代表团组成的日期进行排列。有时，还可以按照各国代表团到达活动地点的时间先后来排列礼宾次序。无论采用何种排列方法，东道主都要在邀请函中明确说明。

礼宾次序所体现的是东道国对各国来宾的礼貌和尊重，它是一个极为敏感的问题。不分大国小国、强国弱国、富国穷国，都要求一视同仁、平等尊重，所以在涉外工作中考虑接待问题时，必须反复对此加以推敲，往往会同时采用几种方法交叉排列。如果代表团的级别相同，则按照派遣国通知代表团组成的日期先后进行排列；对同等级别和同时收到通知的代表团，则按照国名的字母顺序排列。在安排礼宾次序时，还要考虑一些其他的因素，包括国家所在的地区、国家之间的关系、活动的性质、参加者对活动的贡献大小、威望和资历等。例如，通常将来自同一集团、同一地区、同一宗教信仰、同一语言体系或关系特殊的国家代表团安排在一起。对同一级别的人员，常将威望高、资历深、年长者安排在前面。

三　迎送礼仪

迎送是涉外接待活动中常见的礼仪活动，是东道主对外国客人的迎来送往，既体现了东道主对来宾的热情和友好，也给予了来宾第一印象和最后印象，是涉外接待礼仪中非常重要的一部分。

（一）确定迎送规格

确定迎送规格，主要是指确定具体安排什么身份的人员以及安排多少人员出面迎送。这是涉外接待活动中对来宾的一个礼遇规格。各个国家对来宾的迎送规格各不相同，国际惯例通常是按照对等的原则来进行安排。一般的做法有以下几种。

（1）安排与来宾身份相同或职务相当的人员作为主要的迎送人，亲自到码头、车站或机场迎送客人。

（2）安排与来宾身份相同或职务略低的人员迎送来宾，安排与来宾身份相同或职务略高的人员在来宾下榻处的门前迎接或送行。一般情况下，比来宾身份高的人员，不亲自迎送宾客。

（3）因各种原因，因当事人身体不适或年事已高不便出面时，可以安排职务相当的人员出面作为代表迎送宾客，但是要向来宾做出解释。

在确定迎送规格时，除了要确定主要迎送人员的身份和职务外，还要确定迎送团队的人数，应与来宾的代表团人数相当，不能过多，以免造成来宾的心理压力，也不能过少，让来宾觉得我方不欢迎他们前来，显得我方有失礼貌。此外，对于迎送规格要形成一定的惯例，只要是同等级别的代表团都应一视同仁，采用同等的接待规格，不能厚此薄彼，形成不良的国际影响。

（二）做好迎送准备

负责迎送工作的人员，在外宾到达前，务必进行周密的准备工作，以确保迎送工作自然有序地开展。

（1）掌握好来宾乘坐交通工具的抵离时间，如有变化应及时调整接待计划。负责迎送工作人员应提前到达客人抵达地，不能出现客人到达后迎接人员还未到达的失礼行为。为客人送行时，要掌握好天气和交通等各方面的信息，以便灵活应变，及时调整。

（2）按照事先确定的迎送规格，安排好迎送宾客的车辆。必要时还要安排好翻译人员、摄影摄像人员，准备好鲜花等。

（3）在来宾抵达时，应该按照迎送规格的不同举行迎接和欢送仪式。

迎接来宾时，主要迎送人员应主动热情地上前与来宾亲切握手、拥抱，互敬问候。然后由儿童或女青年献上鲜花，并向来宾致敬。主要迎送人员或专门负责介绍的礼宾人员应率先将我方前来迎接的主要人员按照身份和职务高低的顺序一一介绍给来宾中身份最高者，并相互握手问好；然后由来宾中身份最高者将随行人员按照身份地位的高低介绍给我方身份最高的人员。如果来宾双方互相比较熟悉，直接去繁就简地行见面礼即可。

迎接礼仪结束，来宾前往住处时，我方应该安排迎送人员陪同乘车前往。陪同乘车时，也应注意有关的礼仪。在上车时，讲究“尊者先行”，应请年长者、身份地位较高者和女士先上车。同时，还要遵循“以右为尊”的原则，请来宾从右侧门上车，主人从左侧门上车。等来宾全部坐好后，方可关门；下车时，讲究“尊者居后”，请年长者、身份地位较高者以及女士后下车，在没有接待人员的情况下，主人要先下车，从后面绕到右侧门旁，为来宾打开车门，并用右手挡住前门上沿。

到达来宾的住处后，应主动帮助来宾办理登记手续，介绍住处的有关设施以及有关的注意事项。不要马上安排其他活动，要给来宾留下充足的洗澡、更衣、休息的时间，并告知来宾下一步的活动计划，以便来宾做好准备，同时在征得来宾同意的情况下，留下主要负责人的联系方式，以便随时提供服务。

小贴士

在迎接来宾的整个过程中，迎接人员应始终面带微笑，以表示欢迎之意，故作矜持、一言不发是非常不礼貌的行为。

送别来宾亦应考虑周全，大体上要按照迎接的规格来确定送别的规格，主要迎送人员应参加送别活动，送行人员可前往来宾住处，陪同来宾前往码头、车站或机场，亦可直接前往码头、车站或机场恭候来宾，必要时可在贵宾室与来宾稍述友谊或举行专门的欢送仪式。告别式上，我方送行人员应按照身份职务的高低排成一列，一一与来宾握别，并表示良好的祝愿。等来宾乘坐的交通工具启动后，应挥手致意，直至在视野里消失，送行人员方可离去。

四 会见礼仪

会见是涉外礼仪中非常重要的一个环节，是指与来宾之间的接见或拜见。不论是正式性访问、礼貌性拜访还是贸易往来，都需要安排会见活动。通过会见，主客双方可以加深了解，发展友谊，增进相互之间的合作与交流。

按照会见内容的不同，会见可以分为礼节性会见、政治性会见和事务性会见。不论是什么类型的会见活动，都要遵循一定的程序和礼节，否则会引起双方交往的不愉快，甚至会影响到国家和民族之间的关系。

（一）会见的时间和人员安排

作为东道主和来宾都可以提出会见的要求。一般来说，东道主为了体现对来宾的欢迎，应在来宾到达的当天或次日，安排相应的领导或部门主管负责人会见。来宾也可根据两国之间的关系和本人的身份以及业务性质，主动提出拜会东道主的要求。

如果要进行会见活动，第一步是要先提出会见的要求，同时向对方告知参加会见的己方成员以及会见的事由。接受会见的一方应尽早给予答复。如果接受对方的会见要求，可以主动告知会见的时间、地点和出席人员的基本情况；如果一时难以安排或存在某些方面的困难，也应婉言说明。

在正式的社交场合，如果无故拖延或置之不理，是对对方国家的一种侮辱和不尊重，有可能导致两国外交关系的恶化。

（二）会见的场地和座次安排

在双方确定会见后，主方应负责安排场地、设备和现场服务的各项事宜。

首先，在场地的选择上，一般设在会客厅或办公室，如果是国家元首或高级人员会见，按照国际惯例，会见的场地应设在国宾馆或元首官邸。在会谈场地，应做好现场布置，在会谈桌上放置双方国旗，检查好灯光照明以及声讯传输设备。

其次，在会见座位座次的安排上也要遵守国际惯例。会见的座次安排，可以是宾主各坐一方，也可以是宾主穿插而坐。一般来说，我国在安排座位时按如下惯例进行：主宾和主人的座位安排在面对正门的位置，主宾的座位安排在主人的右侧，翻译人员和记录人员坐于主人和主宾的身后，客方成员按礼宾顺序依次坐在主宾一侧，主方成员按职位高低依次坐于主人一侧；或者按照同等职位或级别客方和主方的成员穿插就座。

小贴士

迎接外宾的礼仪

迎送人员如职位较高时，应在机场安排休息室。如果客人首次来访，双方又不认识，可事先联系好或做一特定标识牌，方便对方辨认。行李票的交接、行李的运输要有专人负责。重要外宾的行李要先取，及时派人专送，方便客人更衣。

迎宾时，客人初次到访，一般较为拘谨，主人应主动与客人寒暄。所以，当客人下机后，迎接人员要主动迎上前去表示欢迎，由礼宾官或迎接人员首先将中方前来欢迎的主要领导介绍给来宾，其他领导可简明扼要地介绍。主要翻译必须时刻紧随中方主要领导和主宾。礼宾官或迎接人员在介绍其他中方领导时要始终照顾好主宾，不要因忙于介绍别人而冷落了主宾。如遇外宾主动与我方人员拥抱时，可做相应表示，不要退却或勉强拥抱。主要领导人与客人握手之后可以献花。

在乘车时，应先请客人从右侧上车，陪同主人再从左侧上车。待外宾与陪同人员全部上车后，再驱车去宾馆。在途中，陪同人员应择机将沿途所见的欢迎标语、人文景观等对外宣传的事物向外宾介绍。重要外宾和大型团体来访，应安排专人、专车提取行李并及时送到客人房间。外宾抵达住处后，不宜马上安排活动，应稍事休息，给对方留下更衣时间。

第二节 涉外谈判

涉外谈判是一种常见的涉外活动，谈判的内容大到两国的政治、军事方面的关系，小到企业之间的业务往来。但是不论是什么规模的涉外谈判，在谈判中都要本着平等协商、互惠互利的原则去进行。同时还要遵循国家的有关法律规定，不能损害国家和人民的利益。

一 涉外谈判准备工作的礼仪

（一）组成搭配合理的谈判小组

想要在谈判中取得成果，首先要有一个强有力、高效率、富有经验的谈判小组。一般谈判小组的成员人数不应过多。而且谈判代表的身份、职务要与对方大致相当。如有所不同，应向对方加以说明。谈判代表应该具有与谈判主题相关的专业知识，同时为了便于与外方之间的沟通，对谈判代表的外语水平也应该有较高的要求。

涉外谈判中，谈判代表特别要注意自己的仪容仪表，因为在谈判中，代表的不仅是自己、自己所属的单位，还代表了自己国家的形象。男士应穿着深色西服套装，搭配合适的衬衣和领带，刮净胡须，整理好头发。女士则应化淡妆，穿着深色西装套裙，不宜穿细高跟的鞋子。

（二）做好谈判前的准备工作

在谈判之前，是否做好充足的准备工作直接影响谈判效果。

(1) 谈判议程的确定。谈判议程是由东道主提出，经协商后确定，也可以由双方协商。为了在谈判中取得优势，己方应根据自己的实际情况，争取主动，率先提出谈判议程，争取对方同意。

(2) 谈判时间和地点的选择。选择谈判的时间，应该充分考虑自己的生物钟，避免在自己身心不佳时进行谈判。如果是前往他国进行谈判，应避免在长途跋涉后立即开始，而是要安排充分的休息和调整时间，适应时差后再进行。

涉外谈判的地点和场所的选定是否符合礼仪要求，直接影响着谈判能否取得成功。一般来说，熟悉的环境比陌生的环境更容易发挥出自己的实力，所以要尽量选择在自己所在的国家、城市及场所进行。但有一些重要的谈判不是一两次就可以达成协议的，所以经常会在双方所在的国家之间轮流进行，以体现出公正平等原则或者选择在第三国进行。

(3) 有关资料的准备。俗话说“知己知彼，百战不殆”，因此，在进行谈判前还是要做好相关资料的收集工作。要有针对性地去收集与谈判主题相关的资料，包括对方在这个问题上的历史、现状、未来的期望，以及对方的文化背景、民族风俗、性格气质等。

二 涉外谈判中的礼仪

（一）谈判之初的礼仪

在谈判当日，主方的主谈人应提前到达谈判场所，迎接谈判对手。谈判双方到达谈判厅后，主方的主谈人应主动与对方的所有谈判人员一一握手，并请客方的人员首先入座或双方一起就座。在宾主双方入座后，非谈判人员在准备工作都完善后均应退出谈判厅。

（二）谈判过程中的礼仪

在一切准备工作就绪、无关人员退场后，谈判正式开始。在谈判刚刚开始时，双方的言谈举止

都要尽可能地去营造轻松、友好的气氛。在做自我介绍时要自然大方，不可傲慢无礼。被介绍到的人应起立并微笑示意。介绍完毕后可以选择双方感兴趣的话题进行交谈。但是有关政治、宗教等敏感话题都应避免涉及。谈判初期的主要任务就是摸清对方的底细，因此，要认真听对方的谈话，细心观察对方的举止表情，并给予适当的回应，既可以了解对方的意图又可以表示礼貌和尊重。

当谈判进入正面交锋阶段后，由于双方都想维护自己的利益，容易因情急而出现失礼的言语或举动。因此，要注意保持风度，注意文明用语。如果出现矛盾、陷入僵局，应保持耐心和冷静。一定要就事论事，不能怒气冲冲，更不能进行人身攻击或侮辱对方。否则，不仅不能达到谈判目的，反而损害了本国在国际社会中的形象。

（三）谈判签约的礼仪

经过一番唇枪舌剑后，双方会达成某些共识，并且要用协议的形式予以认可，双方在协约上签字，使之具有法律效力。谈判后，双方协商的合同以及相应的条约要最后定稿，特别要注意在中英文中不同的措辞会有不同的含义，在拟定的时候一定要多加斟酌，不能草草了事。

在双方签署协议时，应该准备好签约的场所。一般选择在较宽敞的会议室或宴会厅设一张长桌，在上面铺上深色的桌布，桌后并排放两张椅子。面对正门的右侧为上，留给客方，左侧留给主方。事先将打印好的协议文本摆放在桌上，分别放好签字工具。

签约时，双方的谈判成员都要出席，共同进入会场，互相握手致意后入座。双方都应有助签人员，分别站在己方的签字代表的外侧，其他人员按照职务高低排列站在己方代表的一侧。助签人员协助打开文本，指明签字的位置。双方代表在己方的文本上签字后，由助签人员互相交换，代表再在双方的文本上签字。签字完毕后，文本即刻生效，双方应同时起立，交换文本，并握手，祝贺合作成功。其他人员应鼓掌表示热烈的祝贺。

小贴士

涉外谈判说服技巧的基本原则

（1）在说服谈判对手时，谈判人员应注意不要只谈自己的理由，要给对方留有发表意见的时机。

（2）在研究对方的心理及需求特点时，要强调双方立场、期望一致的方面。

（3）要态度诚恳，平等相待，消除对方的戒心和成见。

（4）不要操之过急，急于求成。

（5）要先谈好的信息和有利的情况，再谈坏的消息和不利的情况，对于有利的信息要多次重复。

（6）说话用语要朴实亲切，富有感染力，不要过多地讲大道理。

（7）强调互相合作，互惠互利的可能性、现实性，激发对方在自身利益认同的基础上，接受你的意见和建议。

第三节 海外习俗

一 欧美国家的风俗与禁忌

（一）英国

英国人比较矜持庄重，与人交往初期比较内向、冷淡，在第一次见面时一般只握手，不行拥抱礼。大多数英国人讲究绅士风度、淑女风范，着装比较讲究，很重视礼节，尤其是“女士优先”的礼节。如在走路时女士先行走内侧，乘电梯也是女士先乘，宴请时也把女士宾主安排在首席上。

拜访英国人一定要事先预约，而且要按时赴约。未经预约拜访或约定后不去都是非常失礼的行为。接到英国人的邀请后应及时告知对方能否前往，如果有急事不能按时赴约，要第一时间通知对方。赴约时要携带一些小礼物，最好是一些价值不大且有纪念意义的物品，鲜花是一种很受英国人欢迎的礼品。

国人与英国人交谈时，要注意不要涉及政治、宗教以及皇家的一些小道消息。可以谈论关于天气、旅游、动物等话题。英国人在交谈时不喜欢距离过近，在公共场所忌讳互相耳语，也不喜欢在公共场合表现得过于亲密。

英国人和大多数西方人一样，忌讳数字“13”，所以宴请宾客一般不安排在13日，英国人会认为这一天很不吉祥。英国人不喜欢墨绿色，黑色和红色也不受英国人欢迎。英国人不喜欢带有大象、山羊、孔雀、蝙蝠、黑猫等动物图案以及菊花、百合等花卉图案的物品，忌用人像作为服饰图案和商品装潢。在送花时，忌送百合花、菊花，认为这是死亡的象征。

在饮食方面，英国人比较喜欢口味清淡、鲜嫩香酥的菜肴，不喜欢吃辣，不吃狗肉和味精。大多数英国人喜欢喝茶，尤其是红茶。每天上午10：30～11：00，下午4：00～4：30，为专门的休息饮茶时间，所以这个时间段最好不要安排商务活动。

（二）法国

法国人性格比较开朗、乐观。在生活上比较讲究品位，追求浪漫。法国人比较热情大方，喜欢与人高谈阔论，讲究直率。他们纪律性较差，爱迟到，但不容忍外国人迟到。法国人在见面时一般行亲吻礼，但是规矩很严格，只有夫妻和情侣才真正接吻，而朋友、亲戚、同事之间只有贴面，长辈对小辈亲吻额头。

法国人也忌讳“13”和星期五，不喜欢墨绿色、黑色，偏爱蓝色、粉红色等鲜艳色彩。忌讳孔雀、仙鹤、菊花、核桃、杜鹃花等图案。送花时，忌送菊花、杜鹃花、红玫瑰、红蔷薇，也忌讳黄色的花。

在饮食上，法国人喜欢酸甜口味，不爱过辣的食品，讲究用料，制作精细，色、香、味、形俱全。饮食上没有禁忌，只是不吃无鳞鱼，如鳝鱼。对葱、蒜、丁香、香草等特殊味道的调料也很喜欢。

（三）德国

德国人重纪律、守时、重诺言、讲效率，任何活动都安排得井井有条，任何事情发生变动必须事先通知，进行协商。德国人在待人接物上都表现得比较严谨，亲朋好友、熟人见面也只行握手礼，只有夫妻和情侣见面才拥抱、亲吻。

德国人饮食以面食为主，爱吃蛋糕和巧克力，偏爱吃肉，最爱吃猪肉，其次是牛肉。喜欢油腻之物，用猪肉制成的各种香肠百吃不厌。大餐时主食大多为炖或煮的肉类，一般喜欢酸、甜味，不爱吃太咸、太辣的食物，大多数人不太爱吃鱼虾。对早、午餐比较重视，早餐不爱喝牛奶，爱喝咖啡或可可，晚餐一般是香肠或火腿吐司，用餐时爱关灯，点小蜡烛，最爱喝啤酒，也喝红茶，注重以右为上的传统和女士优先的原则。德国人时间观念很强，举办大宴会时一般在两周前发帖，也一定要关注宴会时间、地点、目的。一般宴会则是在8～10天前发出邀请，一旦约定时间被邀请者迟到或过早抵达都被视为不懂礼貌的表现，被邀男士应带鲜花，在门厅里解开包装纸，见到女主人献上鲜花，不要送浪漫的红玫瑰，切忌送13朵花。德国人讲究用餐地点，会在桌子上摆满酒杯、盘子等。吃饭时男士要坐左侧，当女士离开饭桌或回来时，男人一定要站起来以表示礼貌。客人在受到款待后，几天内应送去表示感谢的短柬。

德国人忌讳数字“13”和星期五，忌讳蔷薇、菊花，忌讳在公共场合窃窃私语，忌讳目光盯视他人，忌讳交叉式的谈话，忌讳询问私事和提前祝贺生日，忌讳送刀、剑等，忌讳用褐色、白色、黑色的包装纸和彩带包装、捆扎礼品。

（四）美国

美国人在服饰上讲究随意、自然、突出个性而不拘礼仪，化淡妆，崇尚自然美。美国人注重握手礼仪，在正式场合女士先伸手，男子握女士手不可太紧，长幼之间，年长先伸手，上级先伸手，主人先伸手，应注视对方，握手时要摘手套。介绍两人认识时，要先把男士介绍给女士，先把年轻的介绍给年长的，先把职位低的介绍给职位高的。在社交场合男士应处处以女士优先，但在下车或下楼时应男士为先。同女士打招呼时，男士应起立，女士不必起立，只点头即可，握手时女士可不必摘下手套。女士东西掉地上，男士应帮忙捡起。美国人名在前，姓在后，妇女婚后随夫姓，喜欢别人直呼自己的名字，正式头衔称呼很少用。与美国人谈话，不可站得太近，一般在50厘米以外为宜。

在宴会上喝酒要适量，始终保持斯文的举止，这是欧美人士共守的礼节。

在美国人的宴会上，很少看到烂醉如泥的人。即使喝多了，也要坚持到宴会结束，回到自己的房间后才可倒头不起。如果当场酩酊大醉，惹是生非，会招来众人的鄙视。

在饮食上，一日三餐，早餐8时，午餐是三餐中最简单的，晚餐在6时左右（丰盛）。通常晚餐先上一份果汁或浓汤，然后上主菜，常吃的主菜有牛排、猪排、烤牛腩、炸鸡、炸虾、火腿及烤羊排等。饭后吃一道甜食，如蛋糕、家常小馅饼或冰激凌等，最后再喝一杯咖啡。

美国人也忌“13”和星期五，不喜欢询问私人情况，一根火柴不能连续点3支烟，忌讳打碎镜子，讨厌黑猫，走路时不能踏得“啪啪”响。

二 亚洲部分国家和地区的风俗和禁忌

(一) 韩国

韩国人的生活习惯在很多方面与我国东北地区相似，如早起床、爱清洁、讲卫生等。

韩国人崇尚儒教，尊重长者。长者进屋时大家都要起立，问他们高寿；和长者谈话时要摘去墨镜；早晨起床和饭后都要向父母问安；父母外出回来，子女都要迎候；吃饭时应先为老人或长辈盛饭上菜，老人动筷后，其他人才能吃；乘车时，要让位给老年人。

韩国人见面时的传统礼节是鞠躬，晚辈、下级走路时遇到长辈或上级，应鞠躬、问候，站在一旁，让其先行，以示敬意。男人之间见面打招呼互相鞠躬并握手，握手时或用双手，或用左手，并只限于点一次头。鞠躬礼节一般在商务活动中不使用。和韩国官员打交道一般可以握手或是轻轻点一下头。女人一般不与人握手。

在社会集体和宴会中，男女分开进行社交活动，甚至在家里或在餐馆里都是如此。

在韩国，如有人被邀请到家吃饭或赴宴，应带小礼品，最好挑选包装好的食品。席间敬酒时，要用右手拿酒瓶，左手托瓶底，然后鞠躬致祝词，最后再倒酒，且要一连三杯。敬酒人应把自己的酒杯举得低一些，用自己杯子的杯沿去碰对方的杯身。敬完酒后再鞠个躬才能离开。做客时，主人不会让客人参观房子的全貌，不要自己到处逛。要离去时，主人送客人到门口，甚至送到门外，然后说再见。

韩国人用双手接礼物，但不会当着客人的面打开。不宜送外国香烟给韩国友人。酒是送韩国男人最好的礼品，但不能送酒给妇女，除非说清楚这酒是送给她丈夫的。在赠送韩国人礼品时应注意，韩国男性多喜欢名牌纺织品、领带、打火机、电动剃须刀等，女性喜欢化妆品、提包、手套、围巾类物品和厨房里用的调料，孩子则喜欢食品。如果送钱，应放在信封内。若有拜访必须预先约定。韩国人很重视交往中的接待，宴请一般在饭店或酒吧举行，夫人很少在场。

小贴士

韩国人禁忌颇多。逢年过节相互见面时，不能说不吉利的话，更不能生气、吵架。农历正月前三天不能倒垃圾、扫地，更不能杀鸡宰猪。寒食节忌生火。生肖相克不宜婚姻，婚期忌单日。渔民吃鱼不许翻面，因忌翻船。忌到别人家里剪指甲，吃饭时忌戴帽子，睡觉时忌枕书。

韩国人非常讨厌“4”这个数字，在楼房的编号中没有“4 楼”“4 栋”“4 号”，饮酒时也忌讳喝“4 杯”“4 瓶”等，还忌饮用双杯、双瓶等，在招待客人时，主人总是以“1、3、5、7”这些数字单位来献菜或敬酒。

与年长者同坐时，坐姿要端正。由于韩国人的餐桌是矮腿小桌，放在地炕上，用餐时，宾主都应席地盘腿而坐。若是在长辈面前应跪坐在自己的脚底板上，无论是谁，绝对不能把双腿伸直或叉开，否则会被认为是不懂礼貌或侮辱人。未征得同意，不能在上级、长辈面前抽烟，不能向其借火或接火。吃饭时不要随便发出声响，更不许交谈。进入家庭住宅或韩式饭店应脱鞋。在大街上吃东西、在人面前擤鼻涕，都被认为是粗鲁的。

照相在韩国受到严格限制，军事设施、机场、水库、地铁、国立博物馆以及娱乐场所都是禁照对象，在空中和高层建筑拍照也都在被禁之列。

（二）日本

日本以“礼仪之邦”著称，讲究礼节是日本人的习俗。平时人们见面总要互施鞠躬礼，并说“您好”“再见”“请多关照”等。

日本人初次见面对互换名片极为重视。初次相会不带名片，不仅失礼而且对方会认为你不好交往。互赠名片时，要先行鞠躬礼，并双手递接名片。接到对方名片后，要认真看阅，看清对方身份、职务、公司，用点头动作表示已清楚对方的身份。日本人认为名片是一个人的代表，对待名片就像对待他们本人一样。如果接过名片后，并不看阅就随手放入口袋，便被视为失礼。如果去参加一个商业谈判，就必须向房间里的每一个人递送名片，并接受他们的名片，不能遗漏任何一个人，尽管这需要花费不少时间，但这是表示相互友好和尊敬的一种方式。

到日本人家里去做客，要预先和主人约定时间，进门前先按门铃通报姓名。进门后要主动脱衣脱帽，解去围巾（但要注意即使是天气炎热，也不能光穿背心或赤脚，否则是失礼的行为），穿上备用的拖鞋，并把带来的礼品送给主人。当在屋内就座时，背对着门坐是有礼貌的表现，只有在主人的劝说下，才可以移向尊贵位置（指摆着各种艺术品和装饰品的壁龛前的座位，是专为贵宾准备的）。日本人不习惯让客人参观自己的住房，所以不要提出四处看看的请求。日本特别忌讳男子闯入厨房。上厕所也要征得主人的同意。进餐时，如果不清楚某种饭菜的吃法，要向主人请教。告别时，要客人先提出，并向主人表示感谢。回到自己的住所要打电话告诉对方，表示已安全返回，并再次感谢，过一段时间后再遇到主人时，仍不要忘记表达感激之情。日本人设宴时，传统的敬酒方式是在桌子中间放一只装满清水的碗，并在每人面前放一块干净的白纱布，斟酒前，主人先将自己的酒杯在清水中涮一下，杯口朝下在纱布上按一按，使水珠被纱布吸干，再斟满酒双手递给客人。客人饮完后，也同样做，以示主宾之间的友谊和亲密。

日本人无论是访亲问友还是出席宴会都要带礼品去。到日本人家去做客必须带上礼品。日本人认为送一件礼物，要比说一声“谢谢”的意义大得多，因为他把感激之情用实际行动表达出来了。给日本人送礼要掌握好“价值分寸”，礼品既不能过重，也不能过轻。若过重，他会认为你有求于他，从而推断你的商品或服务不好；若过轻，则会认为你轻视他。去日本人家做一般性拜访，带上些包装食品是比较合适的，但不要赠花，因为有些花是人们求爱时或办丧事时使用的。日本人对礼品讲究包装，礼品要包上好几层，再系上一条漂亮的缎带或纸绳。日本人认为，绳结处有人的灵魂，标志着送礼人的诚意。接受礼品的人一般要回赠礼品。日本人不会当着客人的面打开礼品，这主要是为了避免因礼品不合适而使客人感到窘迫。自己用不上的礼品可以转赠给别人，日本人对此并不介意。日本人送礼一般不用偶数，这是因为偶数中的“4”在日语中与“死”同音，为了避开晦气，诸多场合都不用“4”，久而久之，干脆不送“2、4、6”等偶数了。他们爱送单数，尤其是“3、5、7”这三个单数。但“9”也要避免，因为“9”与“苦”在日语中发音相同。

小贴士

国际社会公认的“第一礼俗”

“女士优先”原则是国际社会公认的“第一礼俗”。在一切社交场合，每一名成年男子，都有义务主动自觉地以自己的实际行动去尊重女士、关心女士、保护女士、照顾女士，并且还要为女士排忧解难。国际社会公认这样的男士才具有绅士风度。

当男士给女士让座时，女士不要过于谦让，更不能把座位再让给其他男士，避免尴尬。

如何称呼外国人？

（1）在涉外交往中，一般对男子均称某某先生，对女子均称某某夫人、女士或小姐；对已婚女子称夫人、女士，未婚女子称小姐；对不了解其婚姻情况的女子也可称作小姐或女士。对地位较高、年龄稍长的已婚女子称夫人。近年来，女士已逐渐成为对女性最常用的称呼。

（2）对于有学位、军衔、技术职称的人士，可以称呼其头衔。

（3）对于地位较高的官方人士（一般指政府部长以上的高级官员），按其国家情况可称“阁下”，如某某“总统阁下”“主席阁下”“部长阁下”等。对君主制的国家，按习惯对其国王、王后可称为“陛下”；对其王子、公主或亲王可称为“殿下”；对其公、侯、伯、子、男等有爵位的人士，既可称其爵位，也可称其“阁下”或者“先生”。但在美国、墨西哥、德国等国却没有称“阁下”的习惯，因此，对这些国家的贵宾可称“先生”。

（4）夫人专指已婚女性。夫人称呼之前可以加丈夫的头衔和姓名，而不是夫人自己的姓。

本章小结

涉外交际礼仪是人们在对外交往过程中，用以维护自己形象，向交往对象表示尊敬与友好的约定俗成的习惯做法。通过学习涉外交际礼仪，我们能够了解涉外礼仪的特点、国际礼仪通则、涉外日常社交礼仪、常见的国际礼宾活动、各国的特殊礼俗以及宗教礼仪常识等，在对外交往中能够根据各国的不同礼仪，尊重各国各民族的风俗习惯，更好地促进与外国友人之间的交流与合作。

实训任务

实训八

【实训目标】

通过实训，掌握涉外礼仪知识，寓教于乐，培养技能。

【实训要求】

每 5 人为一组，自己创设涉外交际场景；运用所学的有关世界各地的礼俗与禁忌方面的知识进行礼仪模拟表演。

【实训口号】

入乡随俗，不卑不亢！

【实训内容】

（1）参考涉外礼仪知识，创设外交情景，包括基本习俗、禁忌、文化、礼仪个性和风格。

（2）以小组为单位，进行涉外礼仪趣味表演，不能重复。

（3）要求服饰与国家相符。

（4）要求自编，自导，自演。

（5）不同小组互相猜，猜对有奖。

（6）每个小组互相指出缺点和不足。

【模拟演练】

指出下列情景中的失礼之处

情景 1：

某公司的王小姐与其配偶一次应邀到公司的顶头上司家吃晚饭，上司是个加拿大人，因为不知道上司喜欢什么食物，所以决定带上一份甜食去，王小姐精心地准备了这份甜食。在去上司家的路上，王小姐是第一次去，迷路了，迟到 5 分钟，在王小姐与上司的夫人闲聊的时候，王小姐的配偶也在与上司闲聊。吃饭的时候，王小姐很快地用拇指和食指把鱼骨从嘴里拿出来，放在盘子边上。吃完饭后，一起到花园散步，王小姐对上司的花园给予赞美，并感谢主人让他们夫妻度过这美妙的夜晚，然后就回家了。

情景 2：

美国某公司是我国某公司的客户，当美国公司的经理到中国来考察的时候，中国公司决定赠送一套小礼物：送中国的折扇和茶叶。因为夏天即将来到，这两样都是消暑用品，而且具有中国特点。折扇采用中国文人喜欢的黑色，上面印有诗词和绘画；茶叶是用精美竹盒包装，外面再用包装纸包好。在美国客人回国前，中方将礼物送给了客人。

复习思考

1. 国际商务礼仪原则的内容是什么？举例说明遵守商务礼仪原则的重要性。
2. 商务接待计划主要包括哪几个方面？
3. 商务人员与外商在交往中应遵守哪些一般礼节原则？

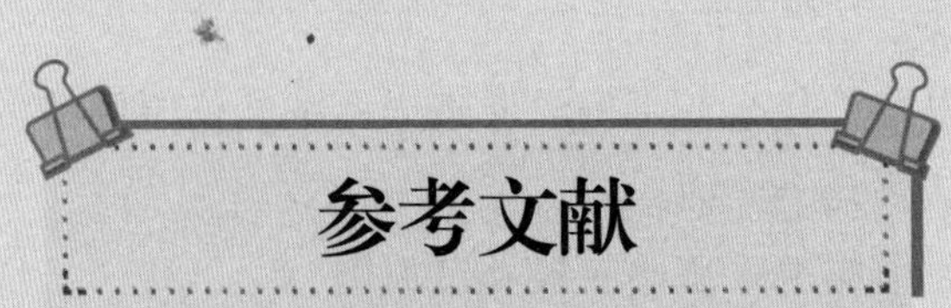

参考文献

[1] 袁媛，蒋小龙，胡红玉．商务礼仪［M］．北京：化学工业出版社，2019.

[2] 薛琳之，刘红．商务礼仪［M］．重庆：重庆大学出版社，2021.

[3] 胡晓涓．商务礼仪［M］．3 版．北京：中国人民大学出版社，2018.

[4] 刘砺，荆素芳，扶齐．商务礼仪实务教程［M］．北京：机械工业出版社，2023.

[5] 王玉苓．商务礼仪：案例与实践［M］．北京：人民邮电出版社，2018.

[6] 李霞，陈清清．商务礼仪实务［M］．北京：北京交通大学出版社，2016.

[7] 冯琦贤．职业规划与职场礼仪［M］．北京：电子工业出版社，2023.